D1747841

„DIE ZERSETZUNG DER VERNUNFT IST DER ANFANG DER ZERSETZUNG DER DEMOKRATIE"

FRANK-WALTER STEINMEIER

19. März 2017, Schloss Bellevue. Es ist kalt und regnet in Strömen, als Joachim Gauck und Daniela Schadt zum letzten Mal über den roten Teppich Schloss Bellevue verlassen. Von heute an übernehmen Frank-Walter Steinmeier und Elke Büdenbender den Amtssitz.

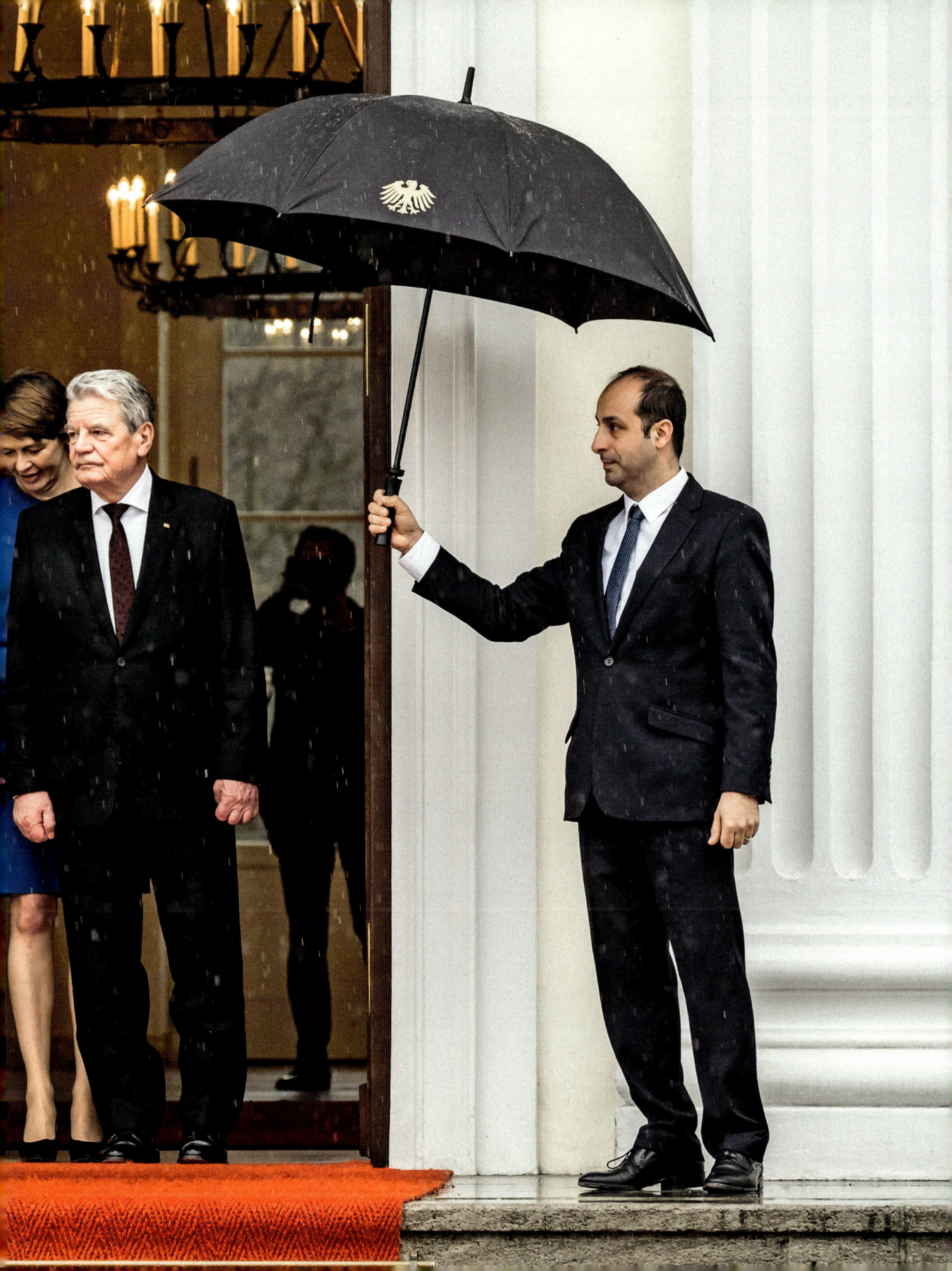

BERG & FEIERABEND

VERLAG

FRANK-WALTER STEINMEIER UND ELKE BÜDENBENDER

PAARLAUF FÜR DEUTSCHLAND

FOTOS: CHRISTIAN IRRGANG

TEXTE: ANDREAS HOIDN-BORCHERS

DANIEL KEHLMANN

JULIA SCHAAF

VORWORT: JEAN ASSELBORN

VERLAG: BERG & FEIERABEND

PROLOG: SAARINGEN/30.03.2019

EIN TAG AN DER HAVEL

„Im Laufe des Tages in Neuruppin, wo der Bundespräsident und seine Frau eine Ausstellung zum 200. Geburtstag Theodor Fontanes eröffneten, kam eine Mitarbeiterin auf mich zu, um mir mitzuteilen, dass es am Abend noch einen Anschlusstermin gäbe, ganz privat. Wenn die Kolonne des Bundespräsidenten abfahre, solle ich mich hinten dranhängen. Ich hatte keine Ahnung, wohin wir fuhren, und bloß Sorge, den Anschluss zu verlieren. Die Fahrt endete in Saaringen, einem kleinen Ort in der Nähe von Brandenburg an der Havel. Hier haben Frank-Walter Steinmeier und Elke Büdenbender ihren Rückzugsort, eine hübsche Wohnung in einem historischen Gemäuer direkt am Fluss. Es war ein warmer, sonniger Frühlingsabend, als wir gemeinsam einen kleinen Spaziergang am Wasser unternahmen."

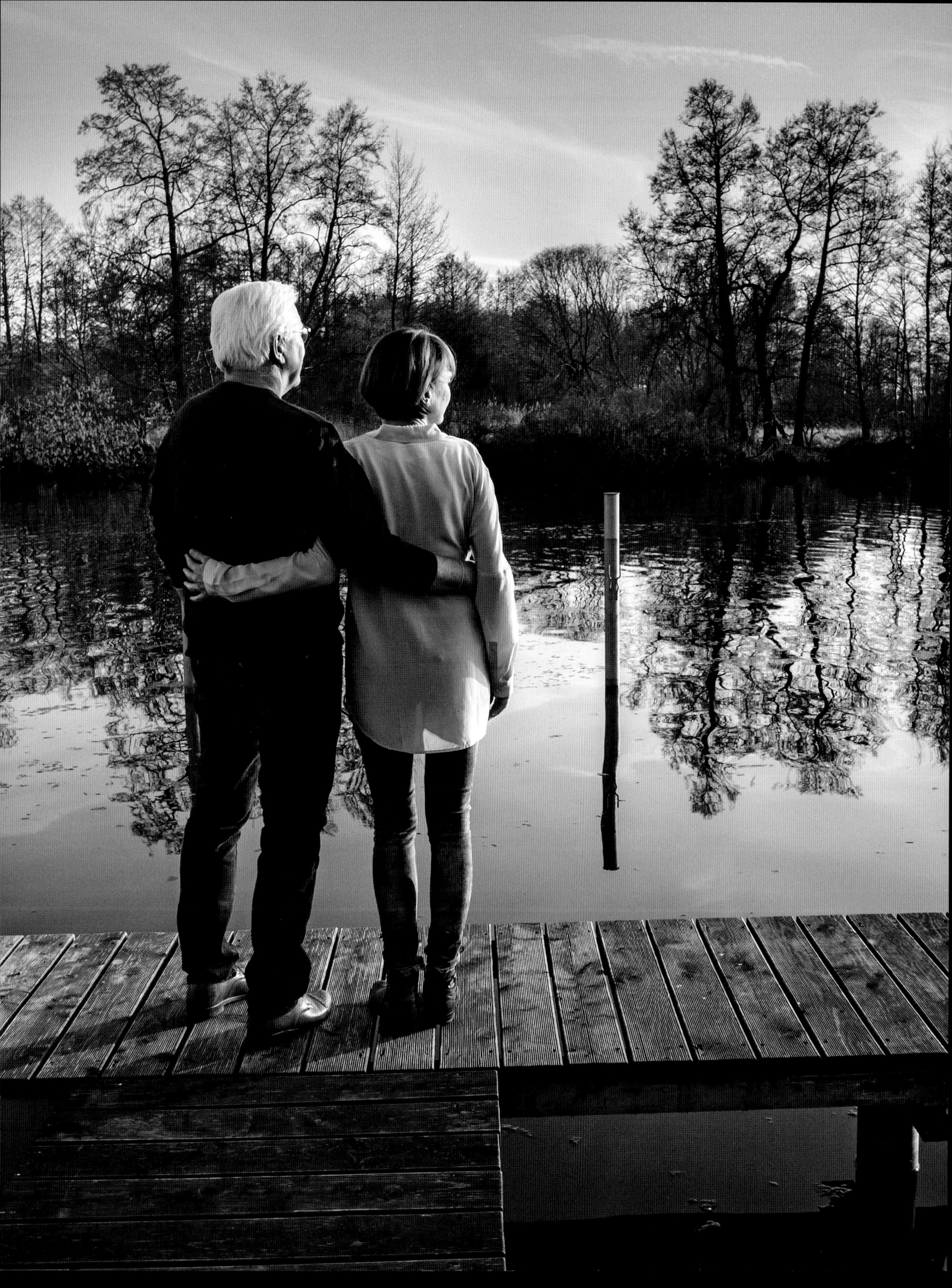

PROLOG: SAARINGEN/30.03.2019

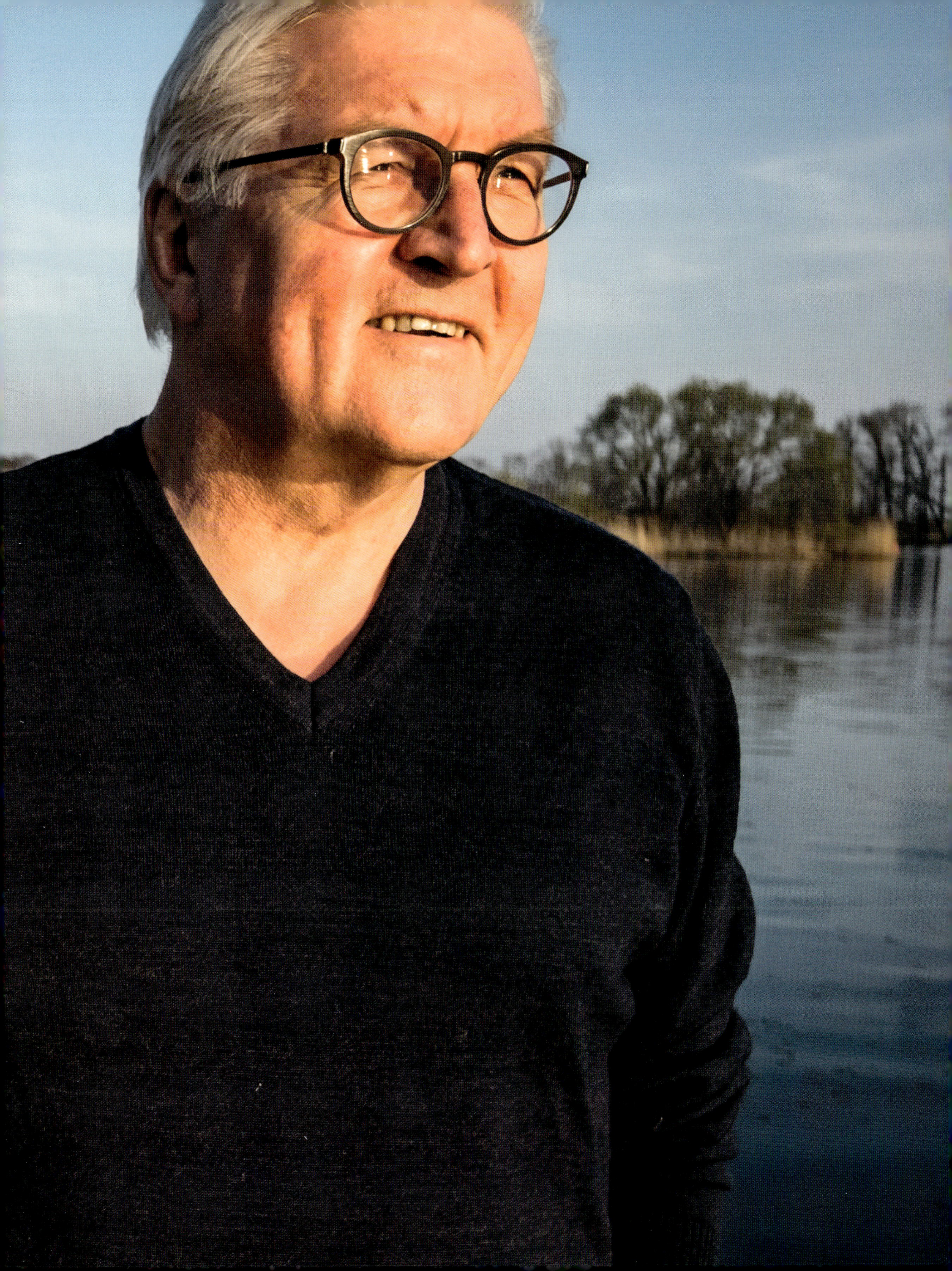

PROLOG: SAARINGEN/30.03.2019

„ER IST EIN TEIL VON MIR"

ELKE BÜDENBENDER

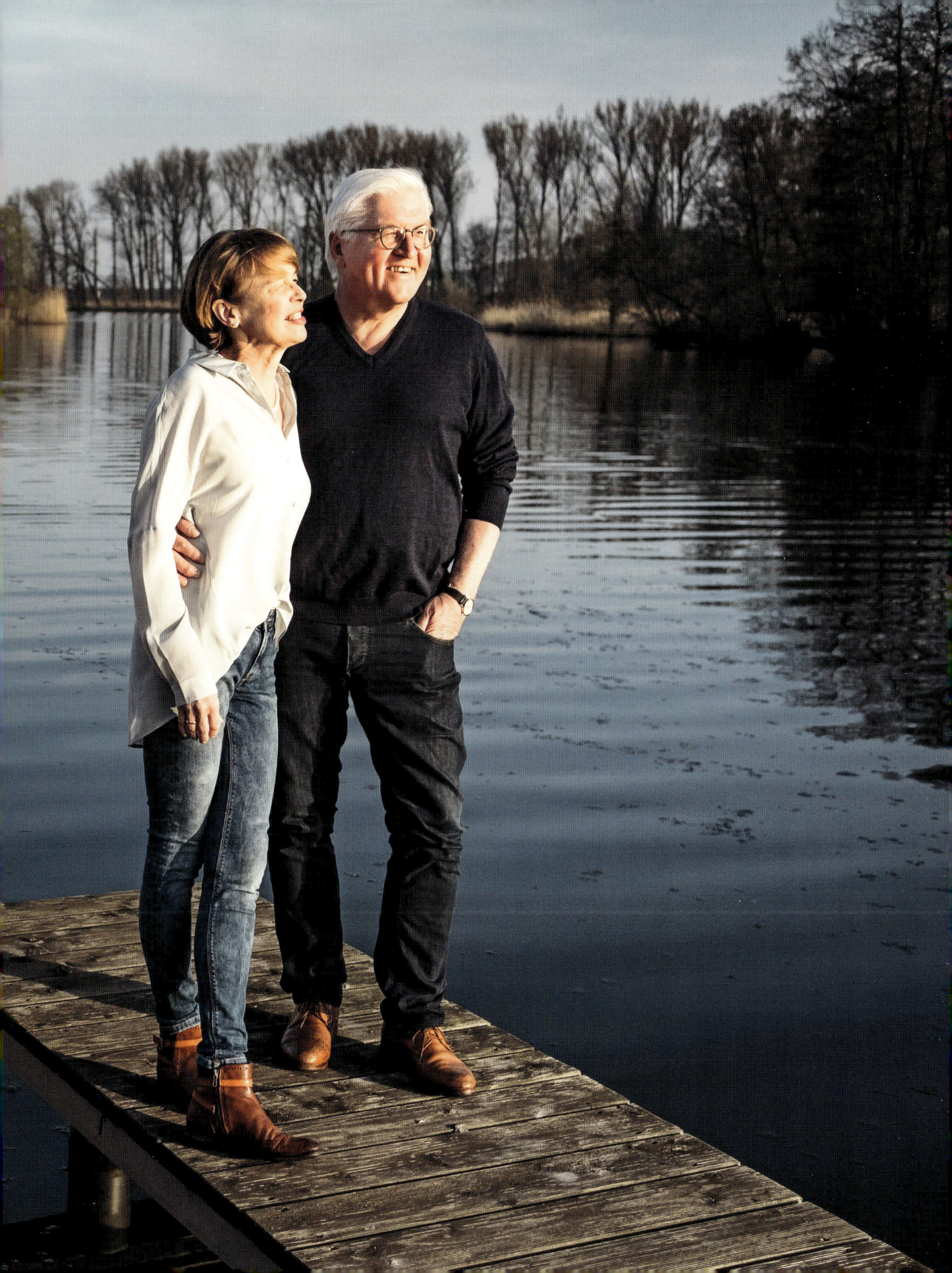

Frank-Walter Steinmeier und Jean Asselborn, der dienstälteste Außenminister der Europäischen Union.

VORWORT

Zum ersten Mal traf ich Frank-Walter Steinmeier im Herbst 2005. Jean-Claude Juncker hatte Gerhard Schröder nach Luxemburg eingeladen zu einem Essen anlässlich seines Abschieds als Bundeskanzler. Der zukünftige deutsche Außenminister begleitete ihn. Da in Luxemburg alles klein und transparent ist, Gardinen also auch in Gaststätten überflüssig sind, sah Ministerpräsident Juncker mich am Restaurant im Stadtzentrum Richtung Außenministerium vorbeihuschen. Er klopfte ans Fenster und rief mich hinein. Ich begrüßte die hohen Herren Regierungschefs. Danach gab ein freundlicher, lockerer Mensch mir die Hand, es war Dr. Frank-Walter Steinmeier. Aus Frank-Walter Steinmeier wurde schnell Frank, und Jean aus dem Mund des deutschen Außenministers so spontan zu hören, war schon eine ziemliche Ehre.

Aber schnell war es mehr als Sympathie: So viele Jahre sind wir uns als Außenminister zweier benachbarter Länder begegnet, haben unzählige Tage und Nächte in europäischen Außenministerrunden verbracht, auf internationalem Parkett, bei Konferenzen, haben bei der UNO gemeinsam für eine friedlichere und gerechtere Welt gerungen. Ich habe vom ersten Moment gespürt, da brennt jemand für seine Aufgabe. Und da ist jemand, der mit den Großen kann, aber ganz uneitel auch mit den Kleinen arbeitet.

In Europa hat man das gemerkt. Er wurde nicht nur respektiert, sein Wort galt viel in unseren Runden – keiner, der Sprechzettel vortrug, einer, der mit anderen um Argumente rang. Ich habe es häufig genug erlebt, dass Debatten sich festgefahren hatten und Frank-Walter Steinmeier, wenn nichts mehr zu gehen schien, noch mal das Wort ergriff und der Debatte eine neue Wendung gab oder Brücken baute zwischen bis dahin unversöhnlichen Positionen. Dabei war er nie überheblich, sondern von unbeschreiblicher Ruhe und Geduld. Selbst die, mit denen er häufiger im Streit lag, haben ihn schnell vermisst, als er in andere Aufgaben gewählt wurde.

In all den Jahren als Vizekanzler, Kanzlerkandidat, dann als Fraktionsvorsitzender, wieder als Außenminister und jetzt als Bundespräsident ist Frank-Walter Steinmeier er selbst geblieben. Mit all seinen Zweifeln, aber auch seinen geradlinigen Überzeugungen wollte und will er kein anderer sein als er selbst. Er weiß, dass er nicht dazu auserkoren ist, Polittheater zu spielen. Er wird wohl nie ein Schönredner.

Reden als Oppositionsführer im Wahlkampf auf den Marktplätzen waren nicht unbedingt sein Ding. Als Außenminister, seiner Paradedisziplin, brillierte er im europäischen Ministerrat. Geduldig wartete er oft stundenlang, bis er in die Runde eingriff. Er hatte immer das Ohr des Ministerrates. Vor allem wenn alles sich in eine Richtung zu drehen schien, war er es oft, der Halt gebot, der uns sagte: „Und wenn wir heute unsere Position festnageln, was machen wir dann morgen? Etwa den Krieg erklären?" Er war es, der uns mit Leidenschaft lehrte, dass Außenpolitik zum Ziel hat, klare Positionen zu beziehen, doch zugleich der Kunst der Diplomatie nie die Tür zuzuschlagen. Im Umgang mit Russland, der Türkei und dem Iran zum Beispiel war diese Herangehensweise von Weisheit geprägt.

Heute ist er als Bundespräsident in eine Rolle hineingewachsen, für die er nicht nur in Deutschland, sondern in der ganzen Welt sehr geachtet wird. Er ist vor allem ein Kämpfer für die Grundregeln und den Geist des demokratischen Gefüges, wobei er großen Wert auf das Verstehen und mehr noch das Verinnerlichen der geschichtlichen Zusammenhänge in Deutschland wie in Europa legt.

Als Mensch lebt er mit seiner Frau Elke und seiner Tochter Merit ein Leben, das ihm die Freiheit gewährt, noch Freundschaften zu zelebrieren. Auch über die Grenzen hinweg ins kleine Luxemburg. Das schätze ich an ihm sehr.

Jean Asselborn

PROLOG
S. 6
Ein Tag in Saaringen

VORWORT
S. 12
Außenminister Jean Asselborn:
Mein Freund Frank

ESSAY
S. 34
Daniel Kehlmann:
Beruf Staatsoberhaupt

PORTRÄT STEINMEIER
S. 76
Andreas Hoidn-Borchers:
Der politische Präsident

PORTRÄT BÜDENBENDER
S. 142
Julia Schaaf:
Mensch, Büdenbender

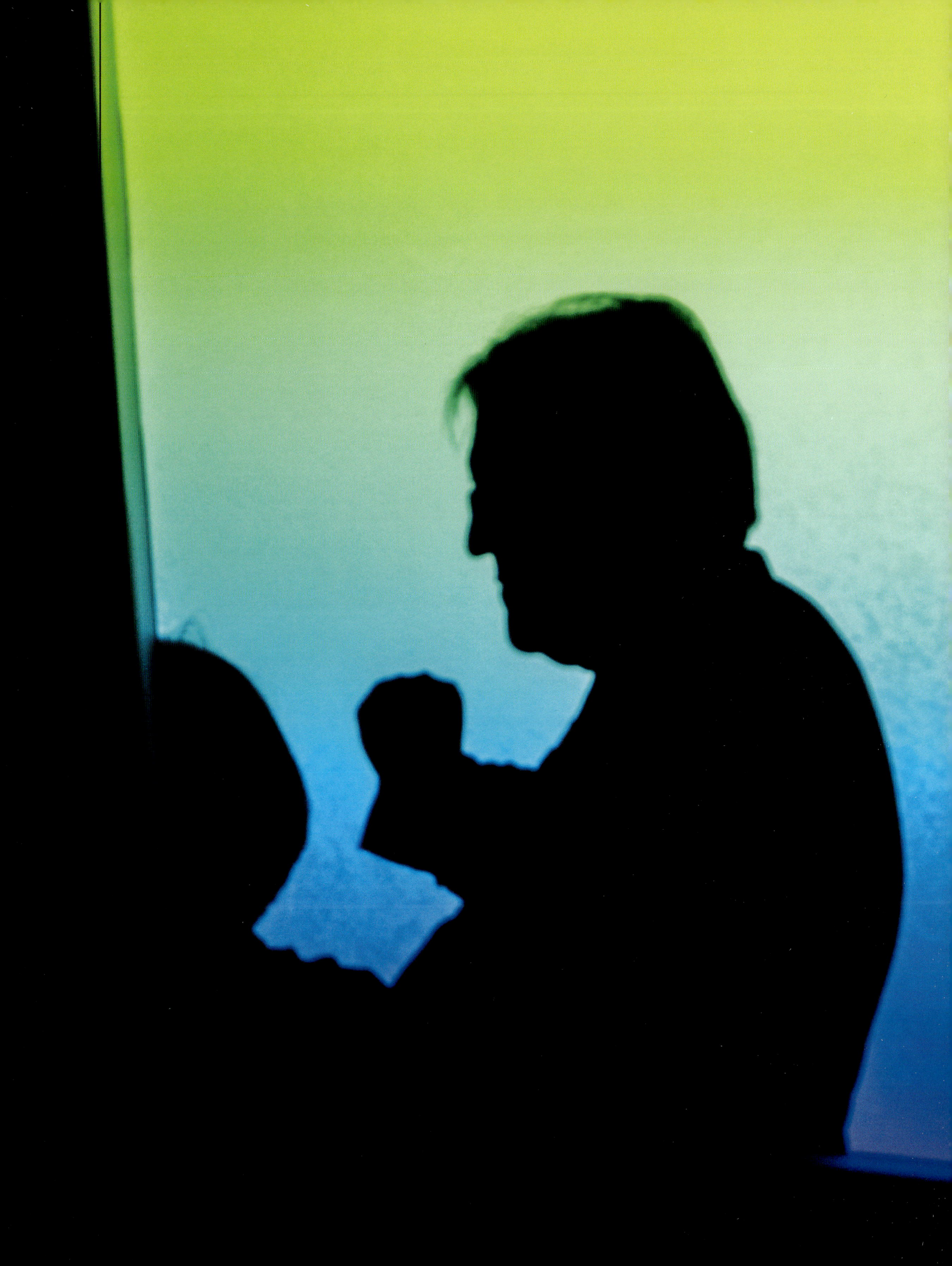

WARSCHAU/19.05.2017

Die Regierungsmaschine spiegelt sich in der Fassade des Ankunftsgebäudes des Frédéric-Chopin-Flughafens. Steinmeier und seine Delegation eilen zum Empfang beim polnischen Präsidenten Andrzej Duda.

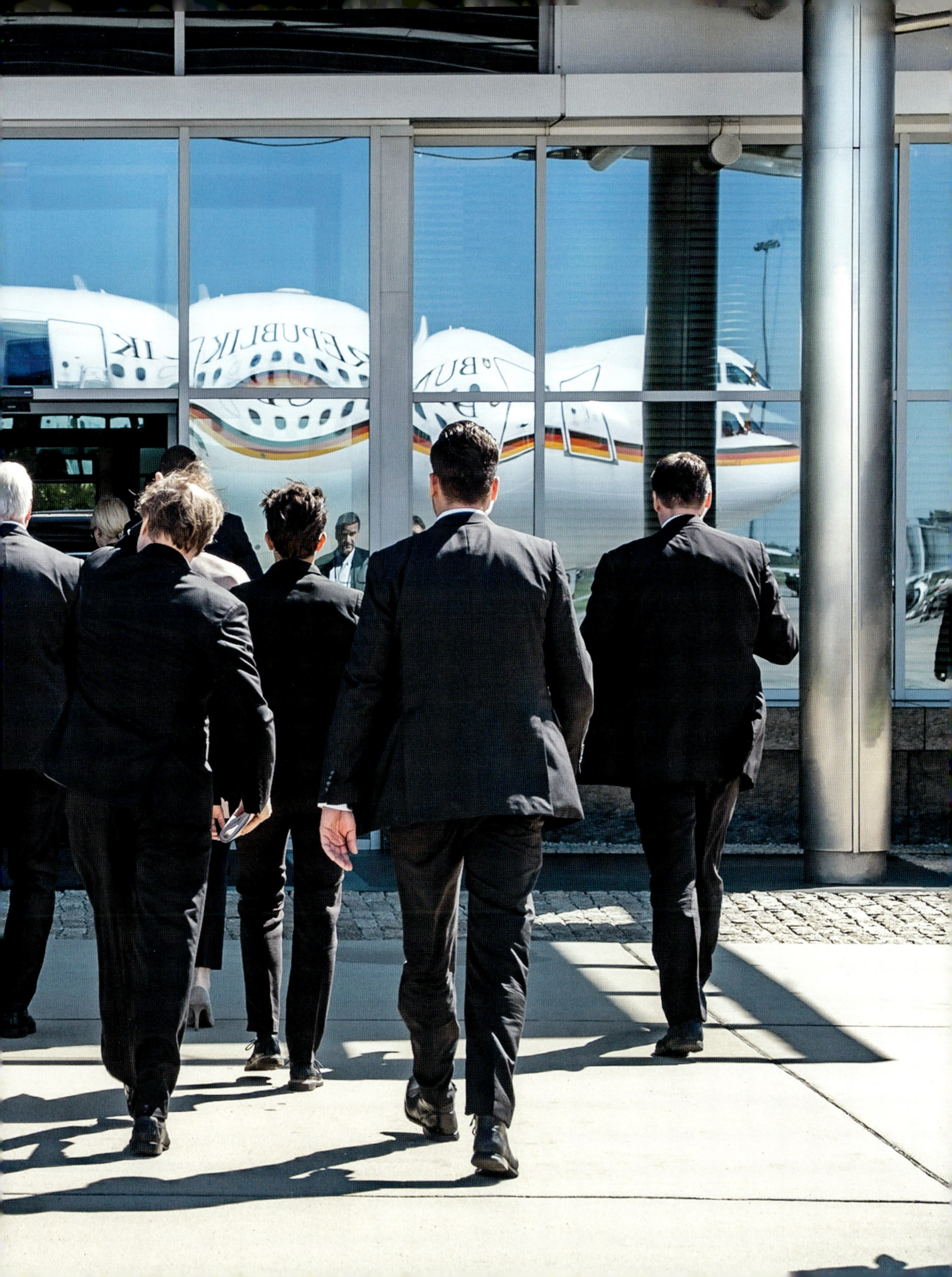

WARSCHAU/19.05.2017

Flaggenparade: Nach dem Empfang bei Präsident Duda wird Steinmeier von Ministerpräsidentin Beata Szydło begrüßt.

Auf dem Rückflug nach Berlin werden die mitreisenden Journalisten nicht nur mit frischen Informationen gefüttert, sondern auch mit Käsehäppchen und einem Glas Wein.

BONN/31.05.2017

Eine größere Menschenmenge erwartet den Bundespräsidenten bei seinem Antrittsbesuch vor dem Alten Rathaus. Die Selfie-Termine sind dabei inzwischen obligatorisch. Bonns Oberbürgermeister Ashok-Alexander Sridharan, der zu offiziellen Anlässen die traditionelle Amtskette trägt, kennt das schon.

Eva's designer-outlet
City Reinigung
DIM SUM
CANTONESE CUISINE
5

BRANDENBURG/23.06.2017

Zu einem Besuch im Spreewald gehört selbstverständlich auch eine Kahnfahrt auf den Kanälen. Die Fährleute tragen die traditionelle Spreewälder Tracht.

Schülerinnen der Europaschule Friedrich-Ludwig-Jahn-Gymnasium in Forst haben zur Begrüßung eine Tanznummer einstudiert.

Gemeinsam mit Brandenburgs Ministerpräsident Dietmar Woidke besuchen der Bundespräsident und seine Frau die Lausitz Klinik Forst. Auf der Entbindungsstation begrüßen sie ein Neugeborenes.

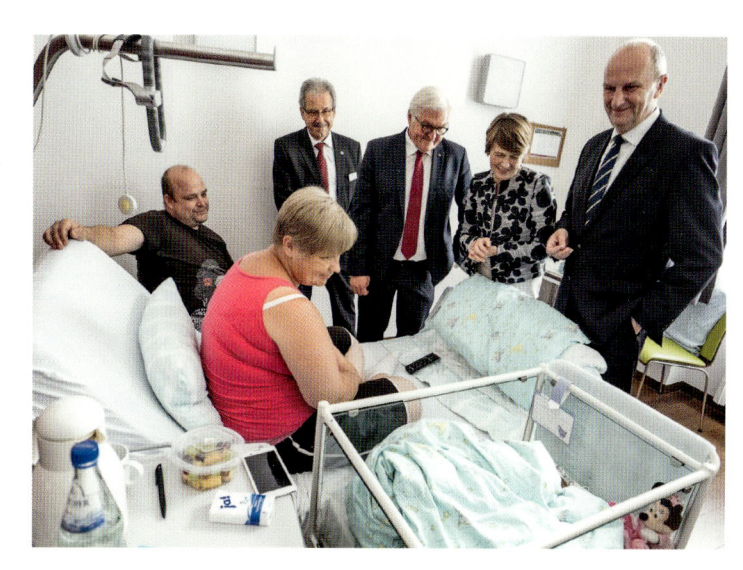

Wenn ihm die Leute zuwinken, winkt der Bundespräsident zurück, wie hier am Gurkenmarkt in Lübbenau.

BADEN-WÜRTTEMBERG/03.07.2017

Im Nationalpark Schwarzwald geht die Fahrt mit einem E-Bus zum Eingang des Bannwaldes auf dem Seekopf.

Nach der Ankunft wandert die Gruppe über mehrere Kilometer bergauf und bergab zum Wildsee.

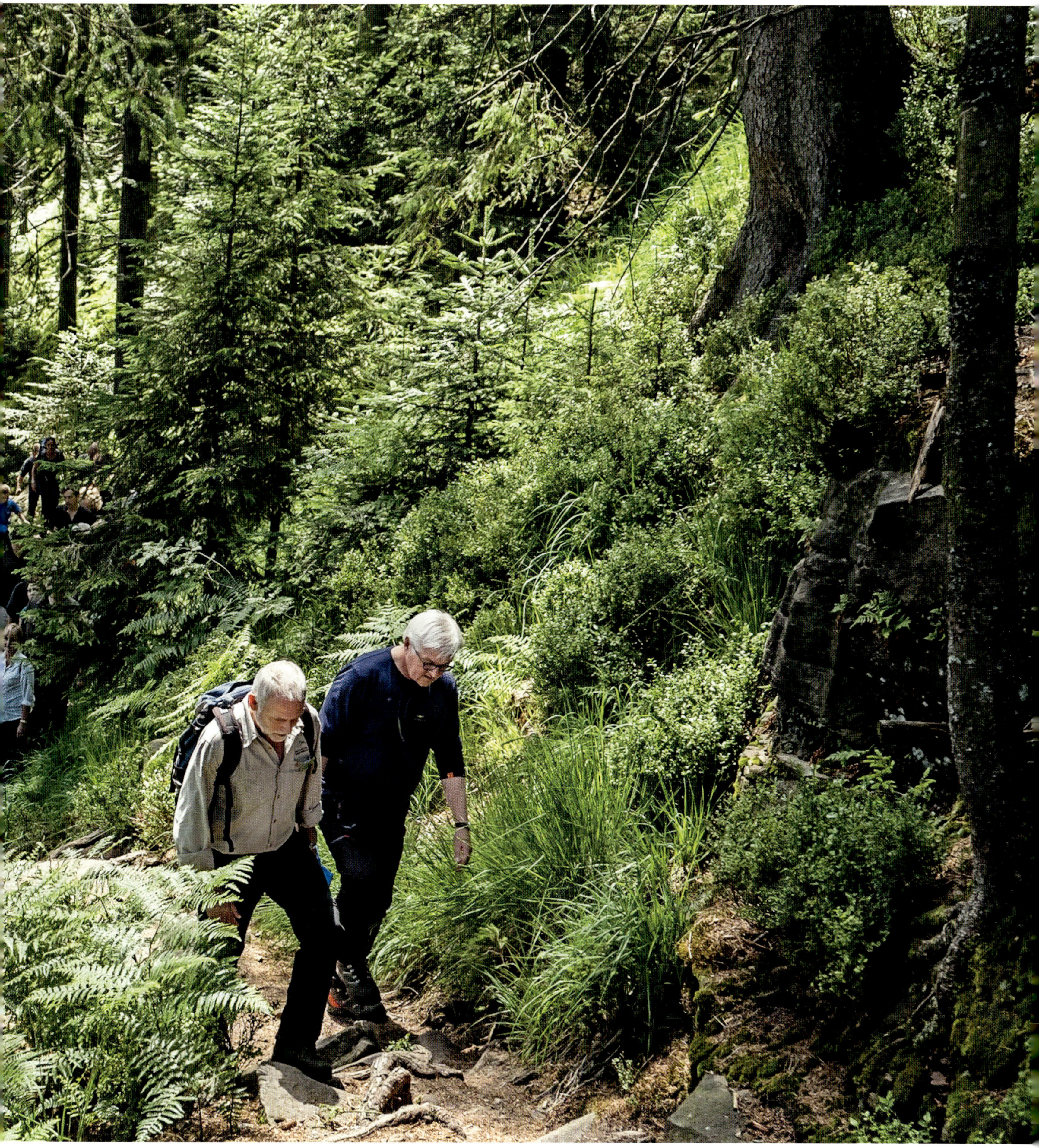

KASACHSTAN/12.07.2017

Im deutschen Pavillon auf der Expo 2017 in Astana testen der Bundespräsident und seine Frau zusammen mit Präsident Nursultan Nasarbajew ihre Geschicklichkeit. Expo-Kommissar Dietmar Schmitz erklärt die Regeln.

Von hoher Warte: Ein Blick auf das Modell von Astana, der Hauptstadt Kasachstans.

AFGHANISTAN/13.07.2017

Im Feldlager von Masar-e Scharif spricht der Bundespräsident mit Soldatinnen und Soldaten der Bundeswehr.

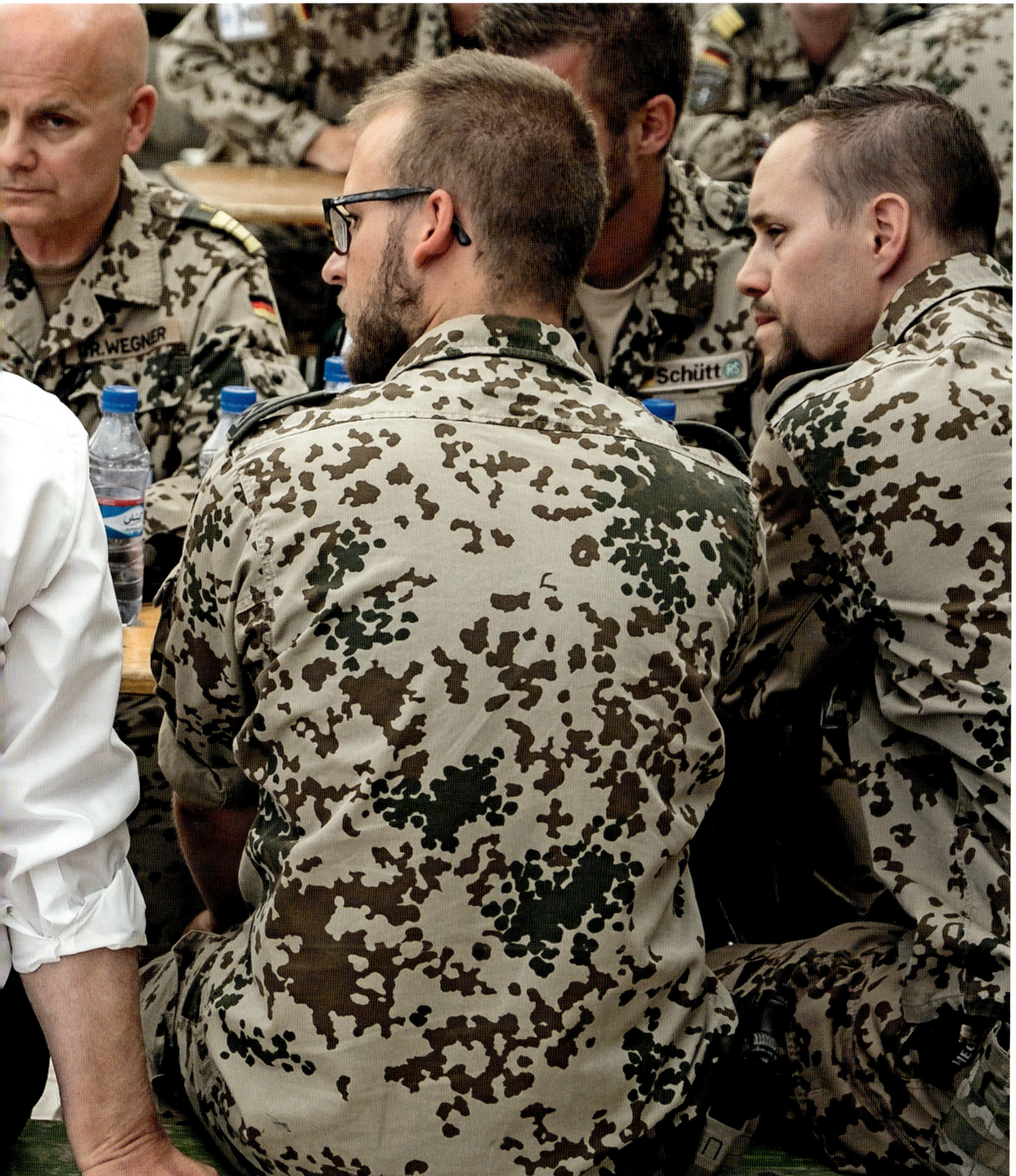
Schütt

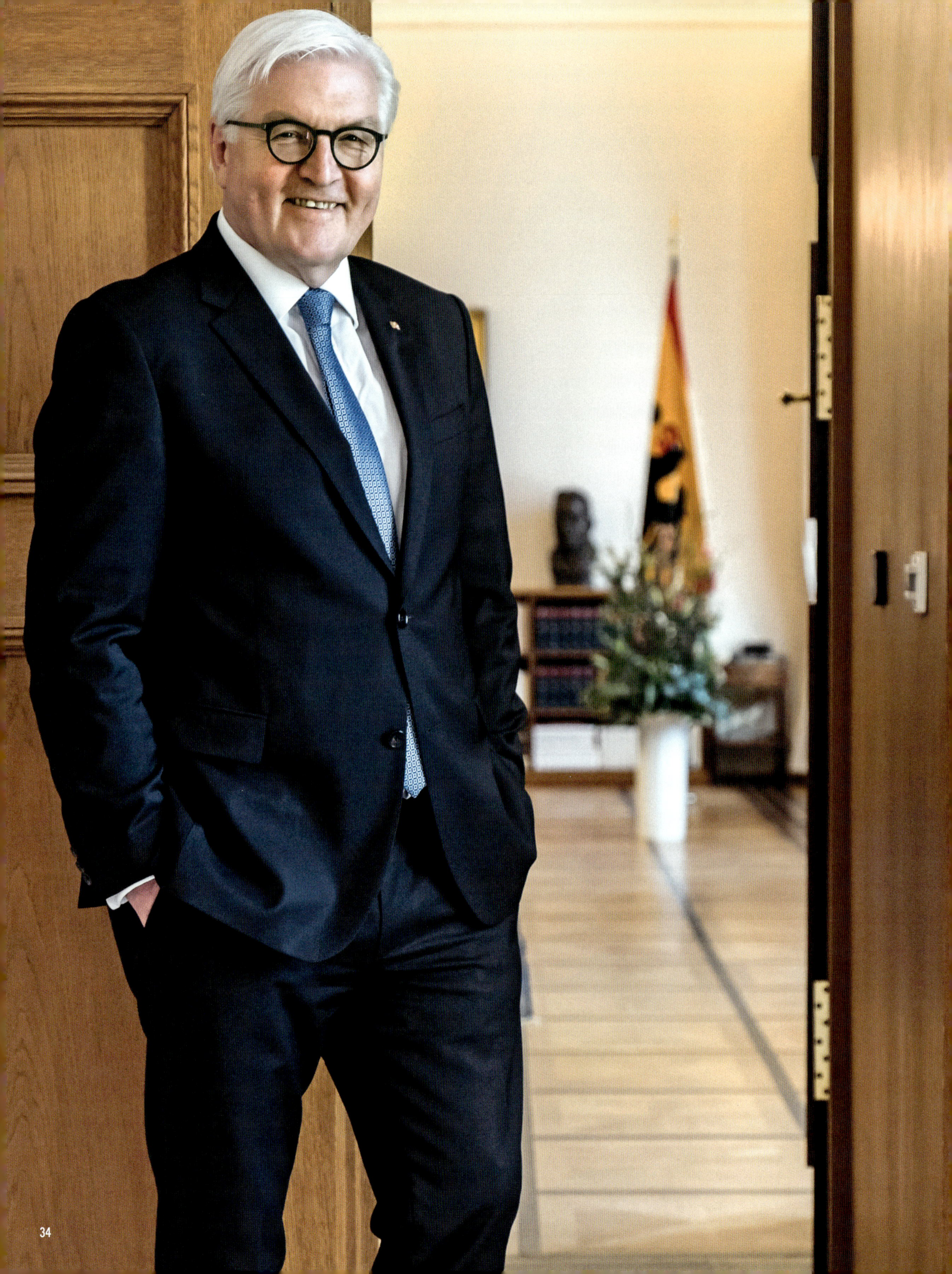

ESSAY

BERUF STAATS-OBER-HAUPT

von Daniel Kehlmann

Staatsoberhaupt ist ein Beruf, wenn auch einer für wenige und einer, der in Berufsberatungen selten erwähnt wird. Staatsoberhaupt einer Demokratie, das ist ein Beruf mit besonderem Profil. Die Stellung kann ihre monarchische Herkunft nicht verleugnen – ein Präsident ist kein gewählter König, aber er ist doch das temporäre Äquivalent gekrönter Häupter; er ist jene Person, in welcher der Staat sich buchstäblich verkörpert. Das Wesen der Demokratie verlangt es, diese per se widersprüchliche Stellung zugleich mit beständiger Würde wie mit Sachlichkeit und Gelassenheit zu füllen.

Die Fotos in diesem Buch zeigen ebendas – einen Fachmann bei der Arbeit. Wir sehen Frank-Walter Steinmeier auf Reisen und daheim, wir sehen ihn in Beratungen, wir sehen ihn bei Terminen repräsentativer und inoffizieller Natur, wir sehen ihn im Gespräch mit den unterschiedlichsten Menschen an sehr vielen Orten und oft begleitet von seiner Frau Elke Büdenbender. Diese Menschen sprechen in Frank-Walter Steinmeier zugleich mit einer kompetenten Einzelperson und mit der Verkörperung der Bundesrepublik Deutschland; eine leichte Verwirrung über solche Doppelung ist ihnen anzumerken.

Wenn Frank-Walter Steinmeier in offizieller Funktion einen Raum betritt, so fordert ein fürs Protokoll Zuständiger die Anwesenden mit ruhiger Bestimmtheit auf, sich für den deutschen Präsidenten zu erheben. Tritt dieser dann ein, so erscheint aber kein Monarch im Purpurmantel, sondern ein Mann, der die Trennung von Amt und Person stets habituell aufrechterhält, ohne sich dabei aber je von seiner Position zu distanzieren – in diesem Drahtseilakt liegt die Schwierigkeit seiner Stellung; darin, ihn so gut zu meistern, liegt seine Würde. Ein Bundespräsident ist genau genommen kein Politiker mehr. Er ist ganz und gar unabhängig; er ist Chef von allem und gerade deshalb nicht mehr beteiligt an den Entscheidungen des Tages, obgleich seiner Position in Momenten der Krise – auch das haben wir erlebt – unerwartete Bedeutung zuwachsen kann.

Diese Fotos zeigen Frank-Walter Steinmeier als jemanden, der einen hochkomplexen Beruf, den in jedem Land nur ein Einziger innehat, mit sachlicher Leidenschaft ausübt, mit gelassener Würde, vor allem auch mit nie erlahmender Höflichkeit. Wir sehen nicht, wie anstrengend das manchmal sein muss; die Momente der Erschöpfung, falls es sie gibt, macht er mit sich selbst aus, auch das ist eines der Erfordernisse seines Amtes. Wir sehen auf diesen Bildern, was es bedeutet, ein Land zu repräsentieren, und naturgemäß lernen wir dadurch viel über dieses Land selbst: die unaufgeregte, alles in allem doch sehr wohlgeordnete und eben dadurch ziemlich bewohnenswerte Bundesrepublik Deutschland.

OBERBOZEN/03.08.2017

AUS-ZEIT VOM AMT

„Unten in Bozen stand die Luft glühend heiß, aber oben auf dem Rittner Hochplateau war es angenehm. Mit einer Seilbahn bin ich heraufgekommen, um gemeinsam mit dem Bundespräsidenten und seiner Frau einen Tag lang zu wandern. Seit vielen Jahren schon verbringen die beiden, gemeinsam mit Freunden, hier ihren Sommerurlaub. Echte Stammgäste also. Wer das nicht glaubt, sollte im Café Fink nach dem WLAN-Passwort fragen. Es lautet: Steinmeier."

37

OBERBOZEN/03.08.2017

Kaffeetafel unterm Lindenbaum: Frank-Walter Steinmeier, Elke Büdenbender und das befreundete Ehepaar Kohler sitzen im Garten des Ferienhauses zusammen.

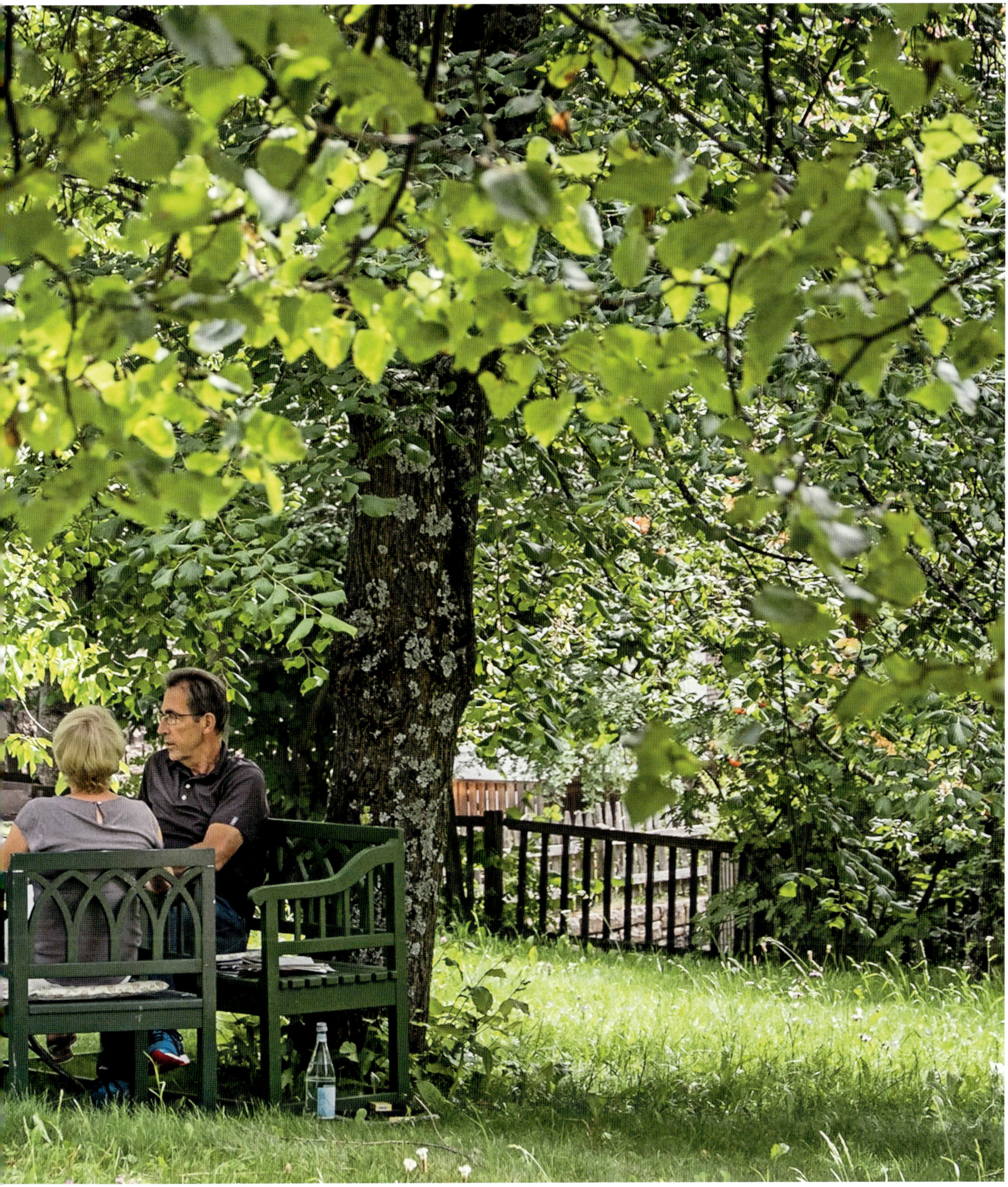

OBERBOZEN/03.08.2017

Sind sie es – oder sind sie es nicht? Ausflügler, die dem Bundespräsidenten und Elke Büdenbender im Wald begegnen, drehen die Köpfe nach dem Paar.

Steinmeier und sein Freund Stephan Kohler beschaffen sich noch vor dem Frühstück die Morgenlektüre. Im Urlaub gern auch mal die Lokalzeitung.

KÖLN/05.09.2017

40 Jahre nach der Entführung von Hanns Martin Schleyer, der später von RAF-Terroristen ermordet wurde, steht heute ein Kreuz am Ort des Überfalls. Bundespräsident Steinmeier, Elke Büdenbender und Kölns Oberbürgermeisterin Henriette Reker treffen hier den Sohn Hanns-Eberhard Schleyer sowie Angehörige der gleichfalls ums Leben gekommenen Begleiter des ehemaligen Arbeitgeberpräsidenten zu einer Gedenkfeier.

Im Konferenzraum des Neven-DuMont-Verlags spricht Christian DuMont Schütte (rechts) zum Thema „Digitaler Wandel".

DACHAU/06.09.2017

Gemeinsam mit dem israelischen Staatspräsidenten Reuven Rivlin besucht Steinmeier die KZ-Gedenkstätte Dachau. Am Lagertor halten sie kurz inne: Wer lässt hier wem den Vortritt? Schließlich treten sie gemeinsam durch den Eingang.

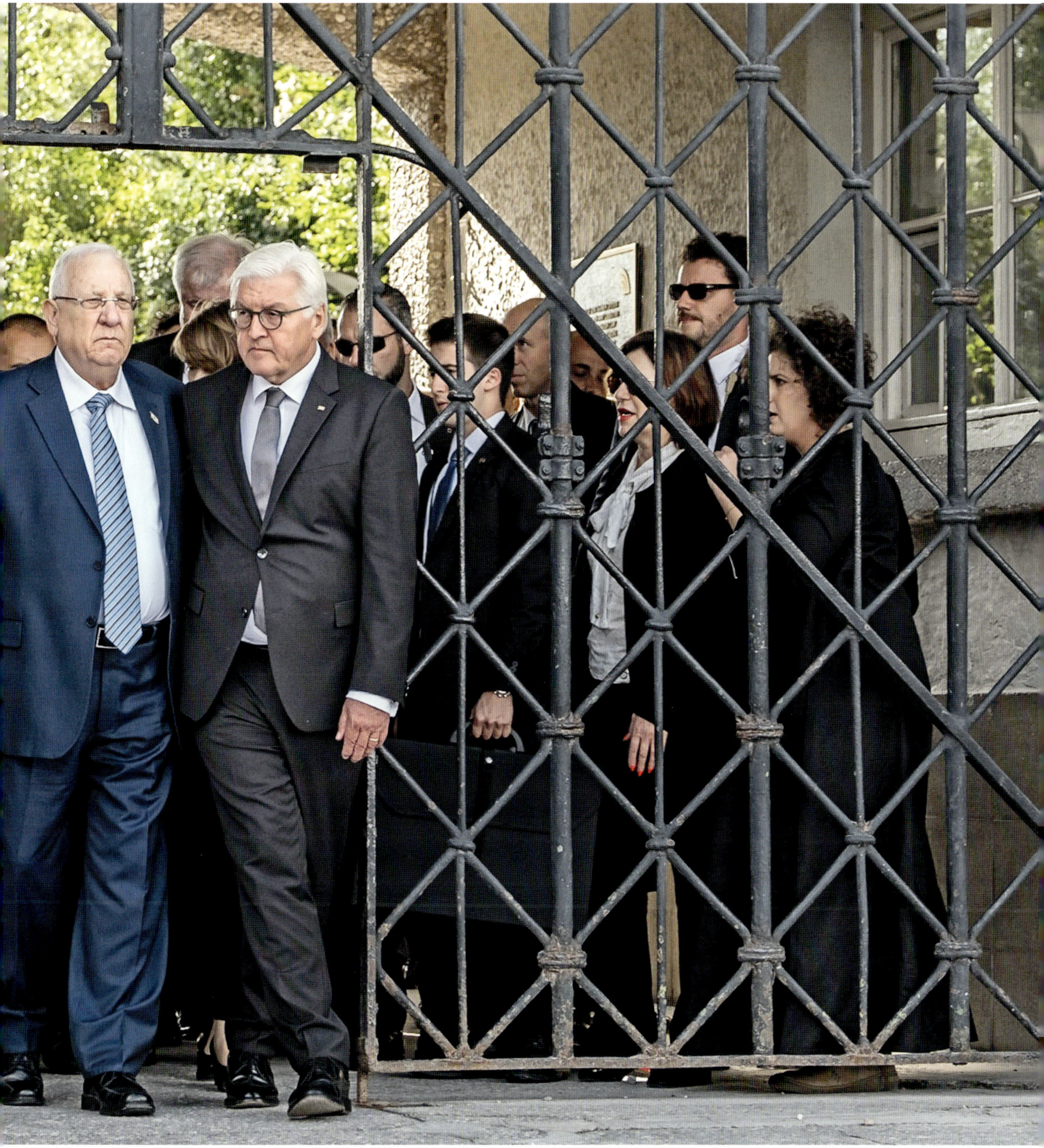

SCHLOSSPARK BELLEVUE/08.09.2017

Das jährlich stattfindende Bürgerfest des Bundespräsidenten ist immer auch ein Medienereignis, selbst bei Regenwetter. Frank-Walter Steinmeier und Elke Büdenbender sehen sich einer Phalanx von Fotografen und Kameraleuten gegenüber.

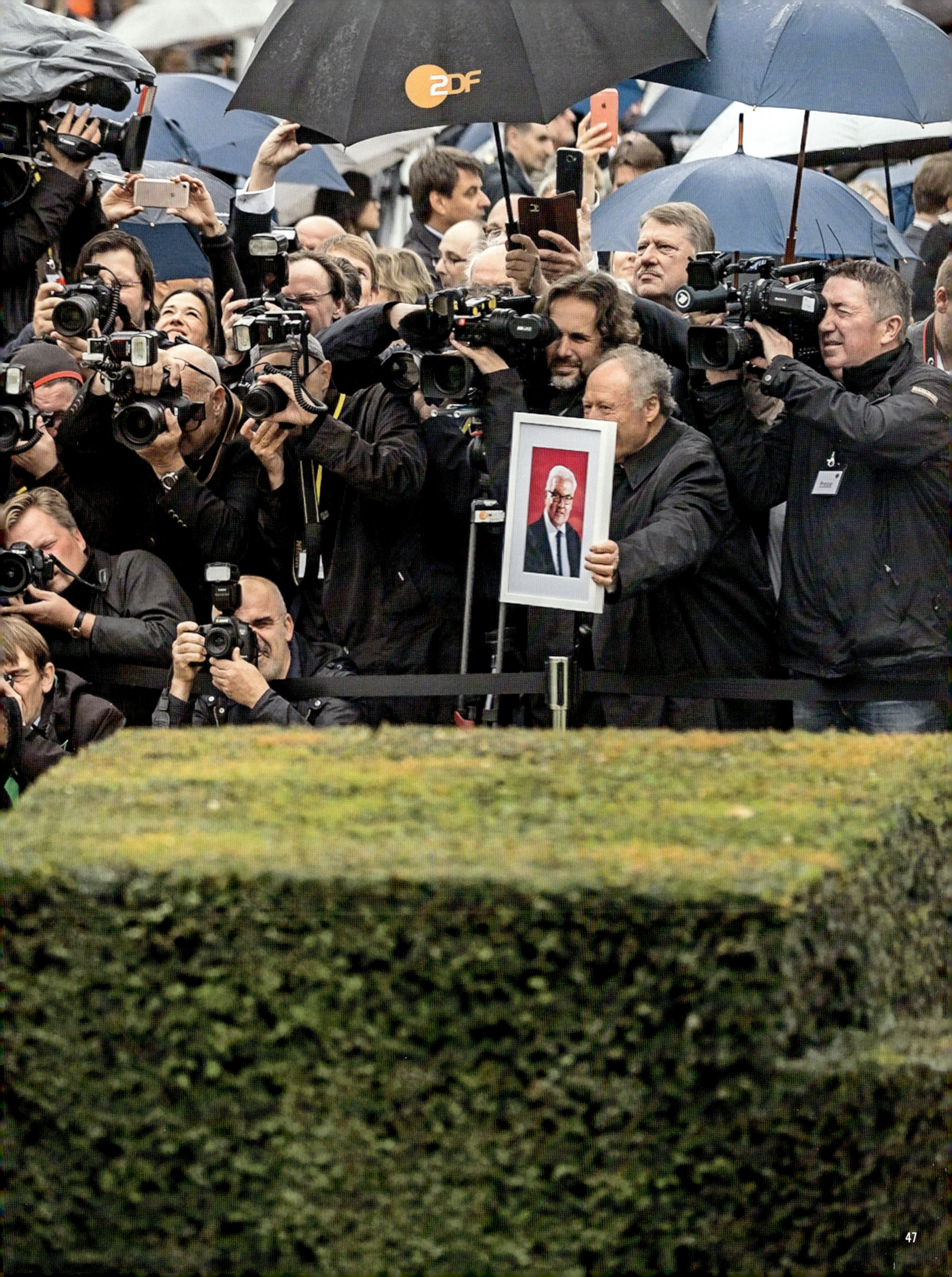
ZDF

SCHLOSSPARK BELLEVUE/08.09.2017

Bad in der Menge: Einigen Besuchern gelingt es, ein paar Worte mit dem Bundespräsidenten zu wechseln, andere ergattern ein Handyfoto, aufmerksam beobachtet von einem Personenschützer.

Auf der Bühne der Stiftung Lesen hat der Bundespräsident das Wort.

SCHLOSS BELLEVUE/04.10.2017

Der Bundespräsident verleiht einer Reihe von Bürgerinnen und Bürgern den Verdienstorden. Die Zeremonie findet jedes Jahr am 4. Oktober im Rahmen der Feierlichkeiten anlässlich des Tags der Deutschen Einheit statt – und kann sich schon mal etwas in die Länge ziehen. Nicht jeder findet das spannend.

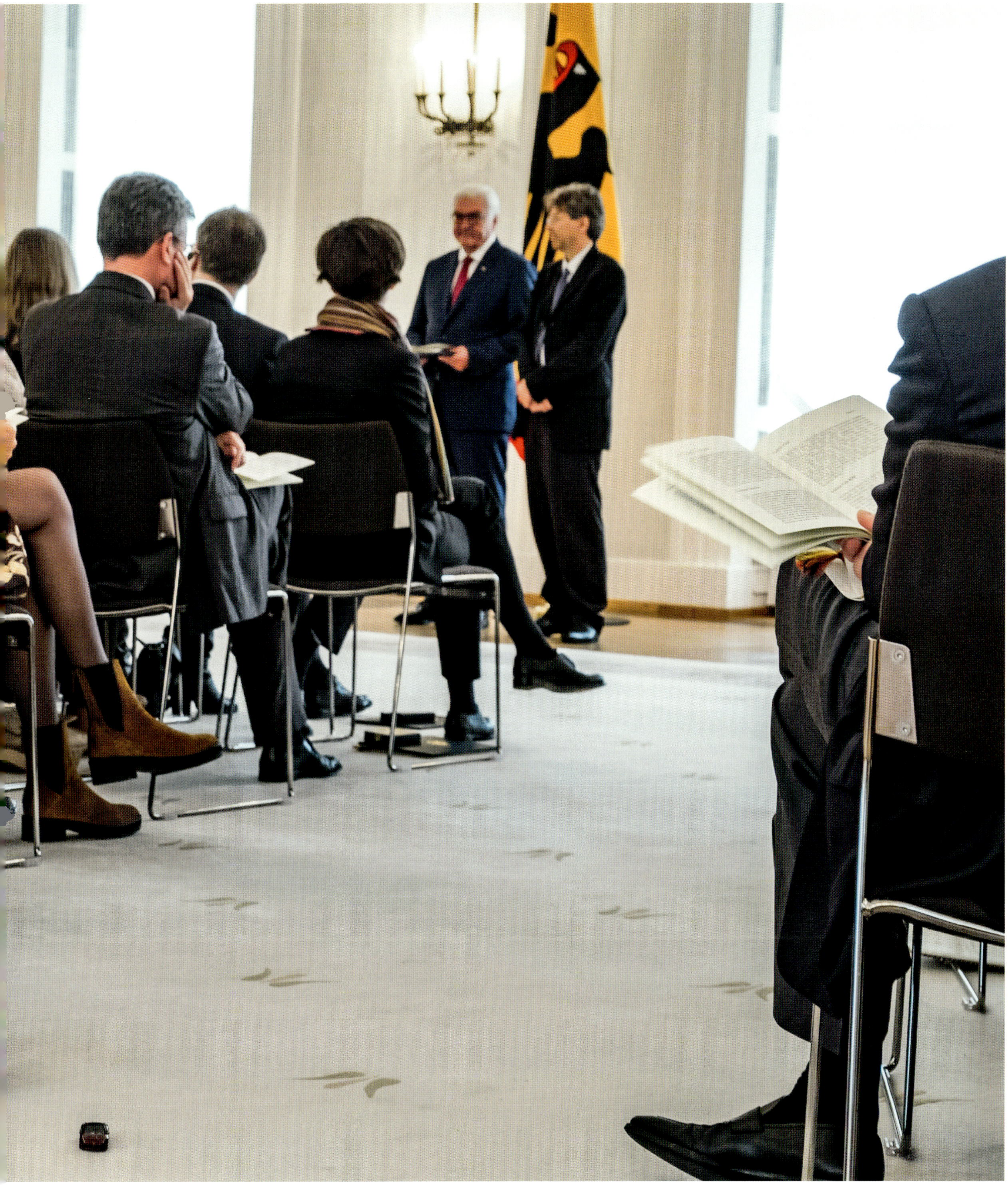

SCHLOSS BELLEVUE/04.10.2017

Die Schauspielerin Christiane Paul erhält die Auszeichnung nicht nur für ihre künstlerische Leistung, sondern auch für ihr soziales Engagement, etwa als UNICEF-Patin.

Karin Beier, Intendantin des Deutschen Schauspielhauses in Hamburg, beim Selfieknipsen. Auf dem Empfang nach der Ordensverleihung geht es eher zwanglos zu.

SCHLESWIG-HOLSTEIN/06.10.2017

Windzerzaust, aber gutgelaunt: Ein paar Schritte im Schlick gehören dazu, wenn man bei Ebbe an die Nordsee kommt.

Auf der Hamburger Hallig lassen sich Frank-Walter Steinmeier und Elke Büdenbender von Junior-Rangern die Besonderheiten des Nationalparks Wattenmeer erklären.

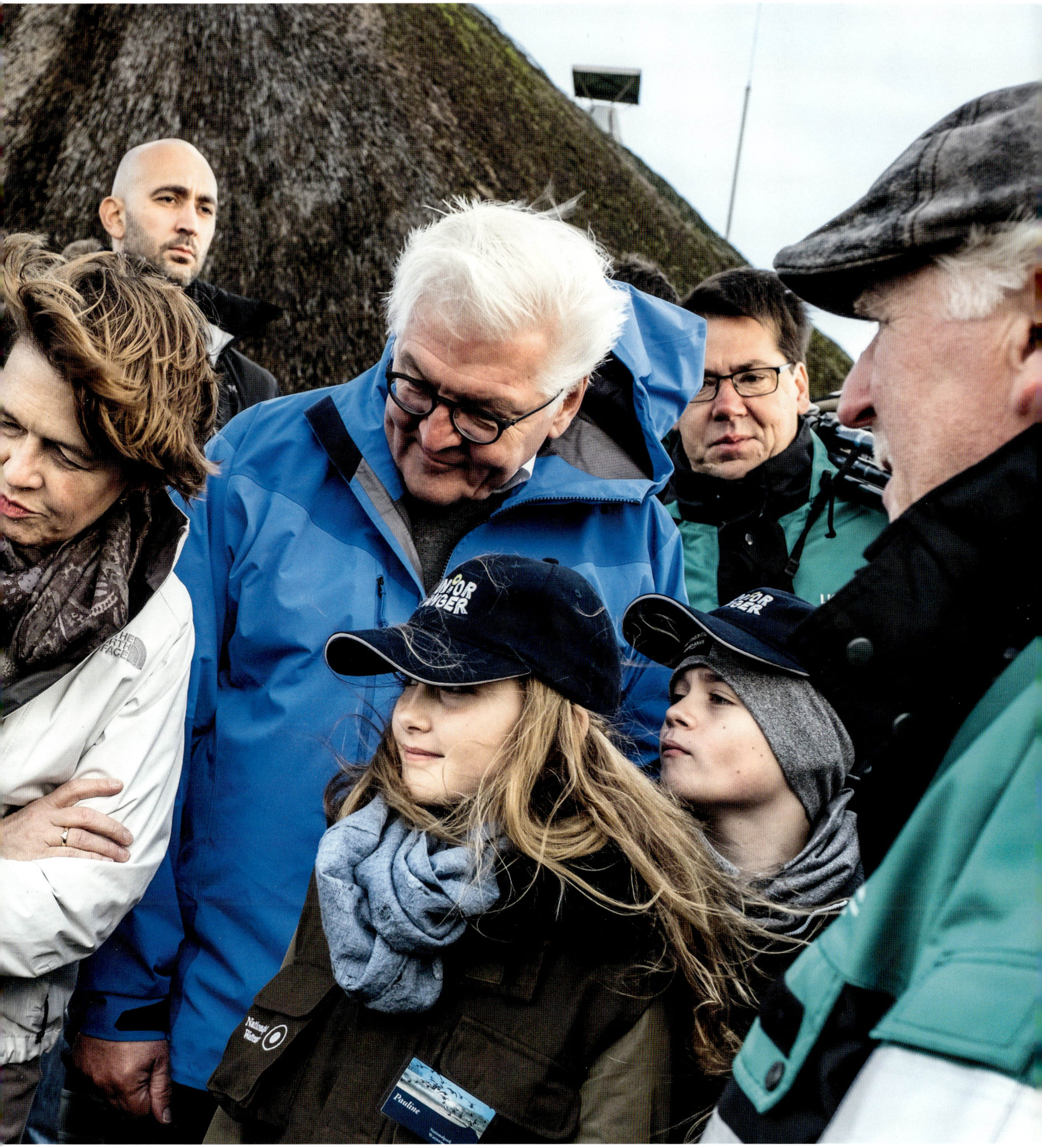
Pauline

BERLIN/12.10.2017

Antrittsbesuch im Morgengrauen: Zu Beginn seiner
Präsidentschaft reist Frank-Walter Steinmeier durch alle
16 Bundesländer. Der Besuch in Berlin beginnt früh am
Morgen mit einer Besichtigung der BVG-Leitstelle im
Stadtteil Friedrichsfelde, wo der Bundespräsident vom
Regierenden Bürgermeister Michael Müller begrüßt wird.

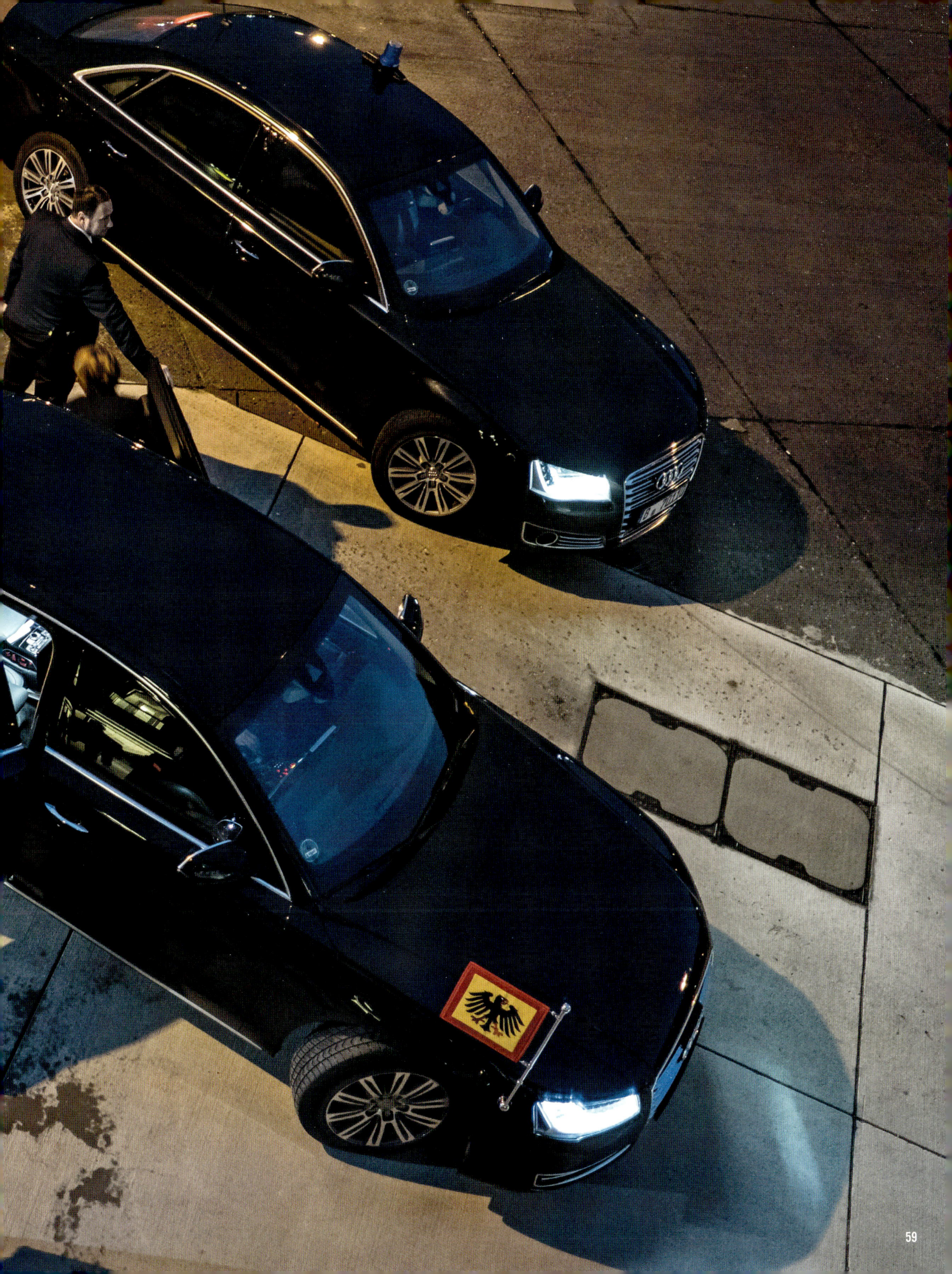

BERLIN/12.10.2017

Oben: Einer der letzten Termine des Tages führt Frank-Walter Steinmeier und Elke Büdenbender zur Gedenkstätte Berliner Mauer in der Bernauer Straße 111.

Rechts: Nach der Besichtigung der BVG-Leitstelle am Morgen nimmt der Bundespräsident im Fahrerhäuschen einer U-Bahn Platz und steuert den Zug Richtung Alexanderplatz.

61

MOSKAU/25.10.2017

Steinmeier ist nach sieben Jahren der erste Bundespräsident, der den russischen Präsidenten besucht. Es ist, wohlgemerkt, ein Arbeits- und kein Staatsbesuch. Gespräch im kleinen Kreis nennt sich dieser Termin im Repräsentationssaal des Kreml. Dabei sind, neben dem Bundespräsidenten und Vladimir Putin, der russische Außenminister Sergei Lawrow (2. v. r.) und Präsidentenberater Juri Uschakow, auf deutscher Seite der Chef des Bundespräsidialamtes Stephan Steinlein (ganz links) und Botschafter Rüdiger von Fritsch. Steinmeier sagt: *„Ich bin der Überzeugung, dass wir der in den letzten Jahren gewachsenen Entfremdung zwischen unseren beiden Ländern das Bemühen um Berechenbarkeit und ein Minimum an Vertrauen entgegensetzen müssen."*

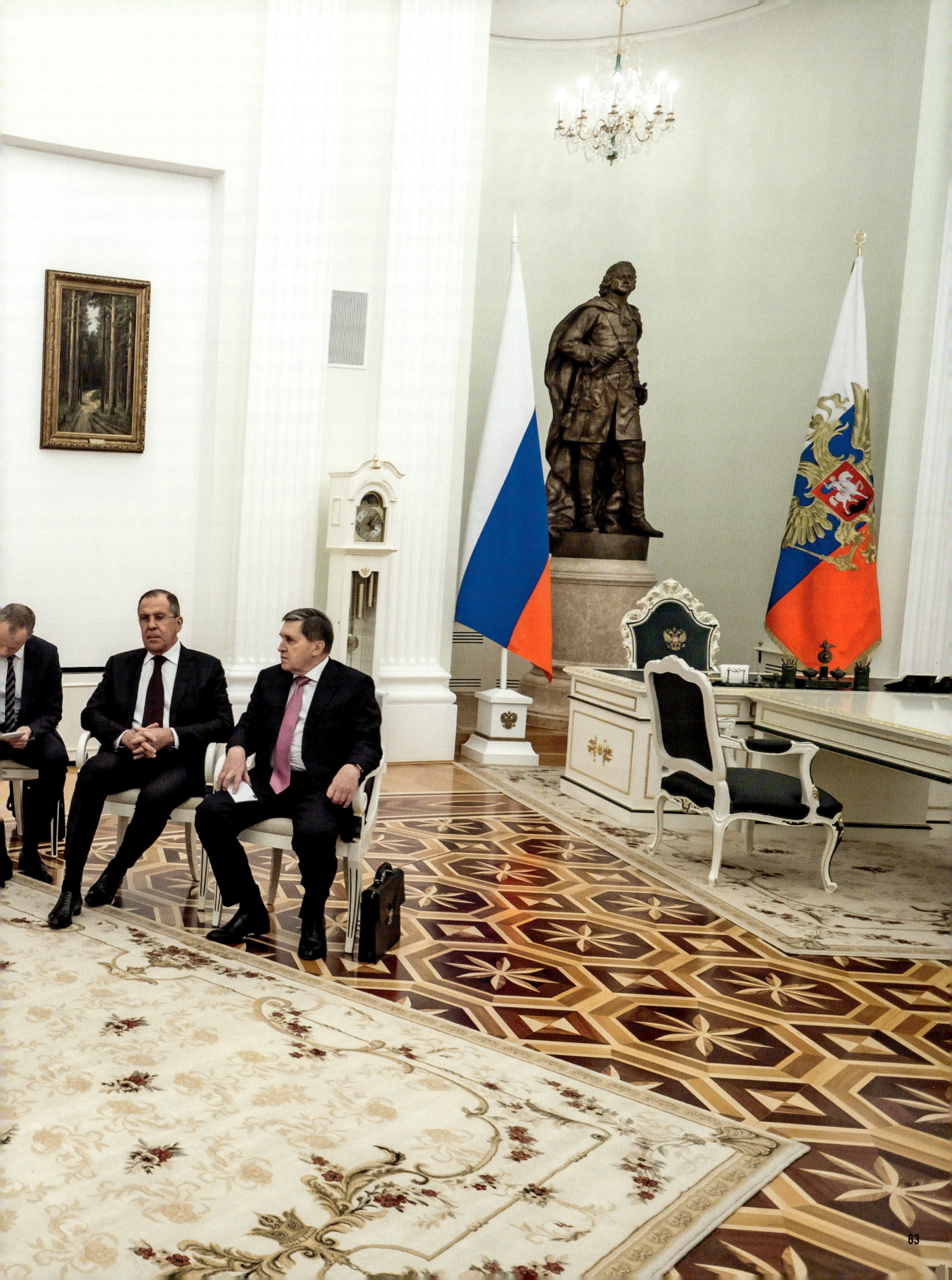

Vor der Begegnung mit Vladimir Putin spricht Steinmeier mit dem ehemaligen Staatspräsidenten der Sowjetunion Michail Gorbatschow. Sie treffen sich in der Residenz des deutschen Botschafters.

Anschließend tritt er vor die Presse und gibt zu Protokoll: *„Er hat mir mit auf den Weg gegeben: Reden, auch über das, was schwierig ist."*

FRANKREICH/10.11.2017

Gemeinsam mit dem französischen Präsidenten Emmanuel Macron besucht Steinmeier die Gedenkstätte Hartmannsweilerkopf im Elsass. Auf diesem Schlachtfeld starben im Ersten Weltkrieg bis zu 30.000 Soldaten, mehr als 60.000 wurden verletzt.

SACHSEN/13.11.2017

Empfang für ehrenamtliche Bürgerinnen und Bürger im sächsischen Größenhain: Aufmerksam hört der Bundespräsident zu, was ihm Annett Heinich aus Dresden über die Integration von Menschen mit Behinderung zu sagen hat. Sie ist Inklusionsbotschafterin der „Interessenvertretung Selbstbestimmt Leben in Deutschland e. V."

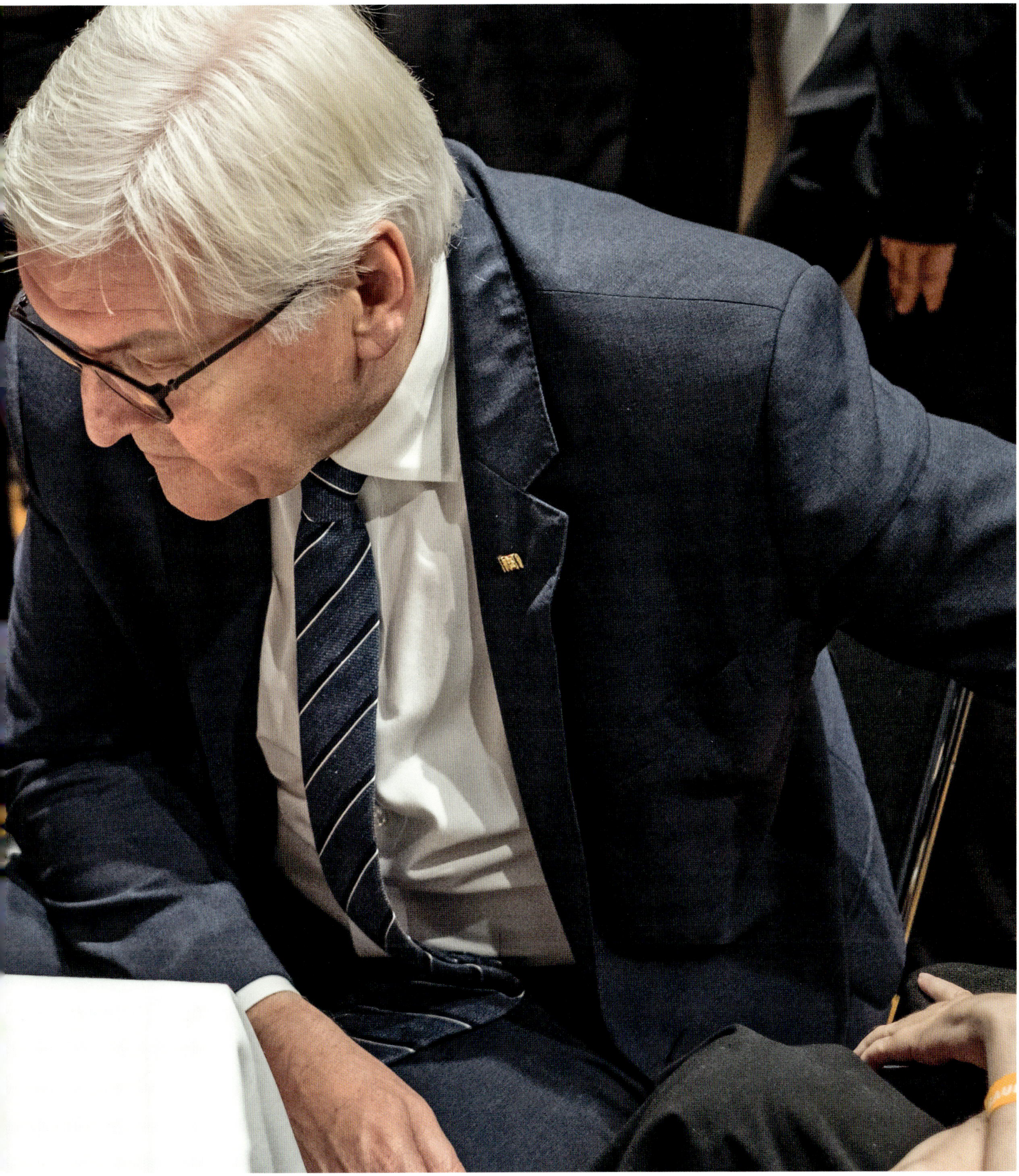

SCHLOSS BELLEVUE/30.11.2017

DIE NACHT DER GROKO

Der SPD-Vorsitzend[e] Martin Schulz trifft a[ls] Erster ein. In eine[m] Nebenzimmer warte[n] er und der Bundesprä[-]sident gemeinsam m[it] dem Chef des Bundes[-]präsidialamtes Stepha[n] Steinlein und eine[r] Mitarbeiterin auf d[ie] anderen. Hinter ihne[n] an der Wand hängt ein[e] Bildergalerie aller Vor[-]gänger von Steinmei[er].

„Zwei Monate dauerte die Hängepartie schon, zwei Monate waren seit der Wahl vergangen, und es war immer noch nicht klar, wie die neue Bundesregierung aussehen würde. Aber in den letzten Tagen zeigte Frank-Walter Steinmeier wie kaum einer seiner Vorgänger, was das Staatsoberhaupt der Bundesrepublik alles kann. Der Bundespräsident sah sich in der Pflicht, den Gang der Dinge voranzutreiben, und drückte aufs Tempo. Die Vorsitzenden aller Bundestagsparteien hatte er bereits zu Einzelgesprächen empfangen, nun wollten sie zu viert zusammensitzen. Bundeskanzlerin Angela Merkel, der CSU-Vorsitzende Horst Seehofer, SPD-Chef Martin Schulz und Frank-Walter Steinmeier, am runden Tisch sollte es zum Schwur kommen. Als Erstes gab es eine kleine Schlossführung und einen kurzen Blick ins präsidiale Arbeitszimmer, dann zog man sich in den Südflügel zurück. Zu essen gab es nichts, zu trinken nur Mineralwasser, mit und ohne Sprudel."

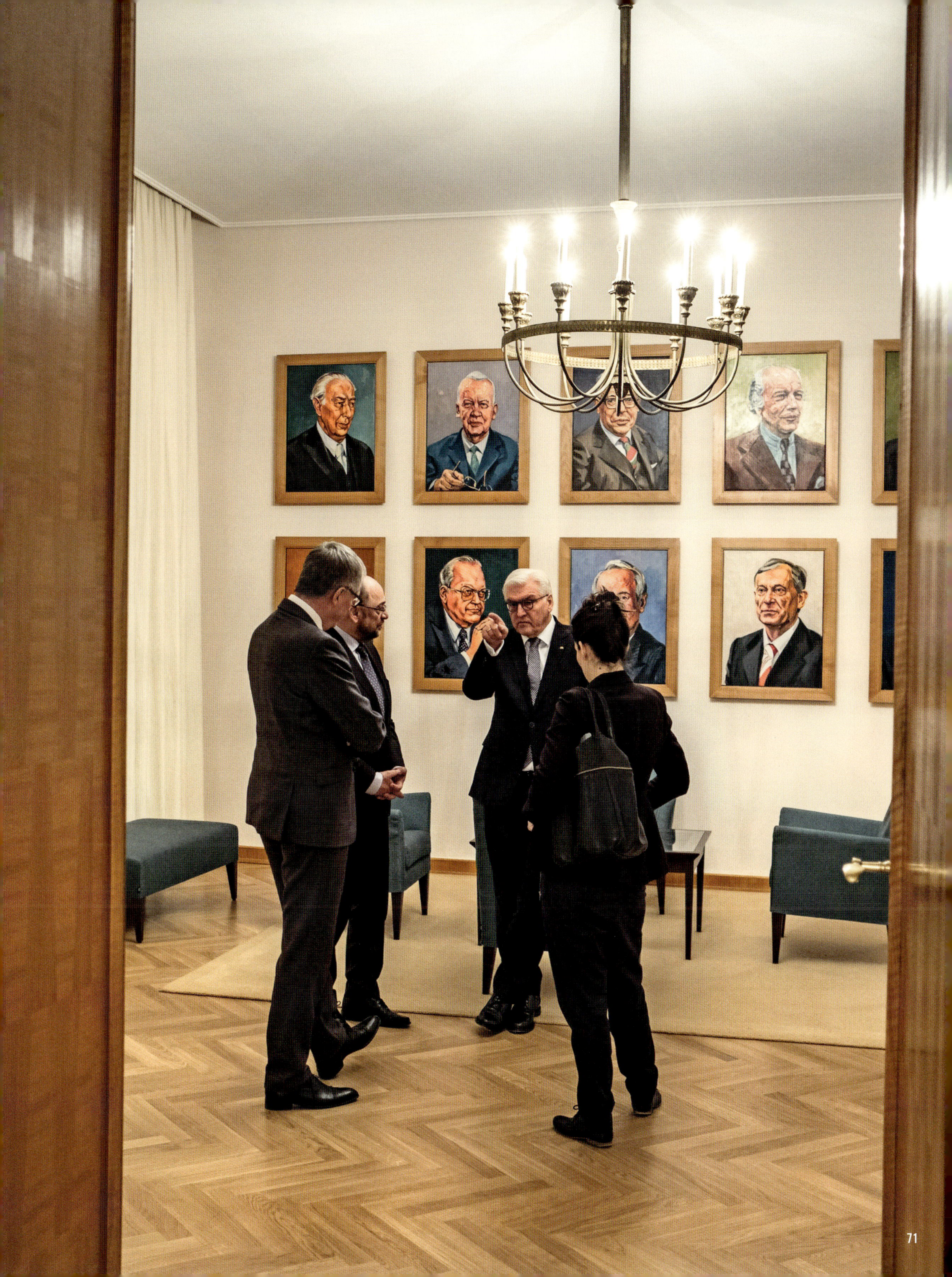

SCHLOSS BELLEVUE/30.11.2017

73

SCHLOSS BELLEVUE/30.11.2017

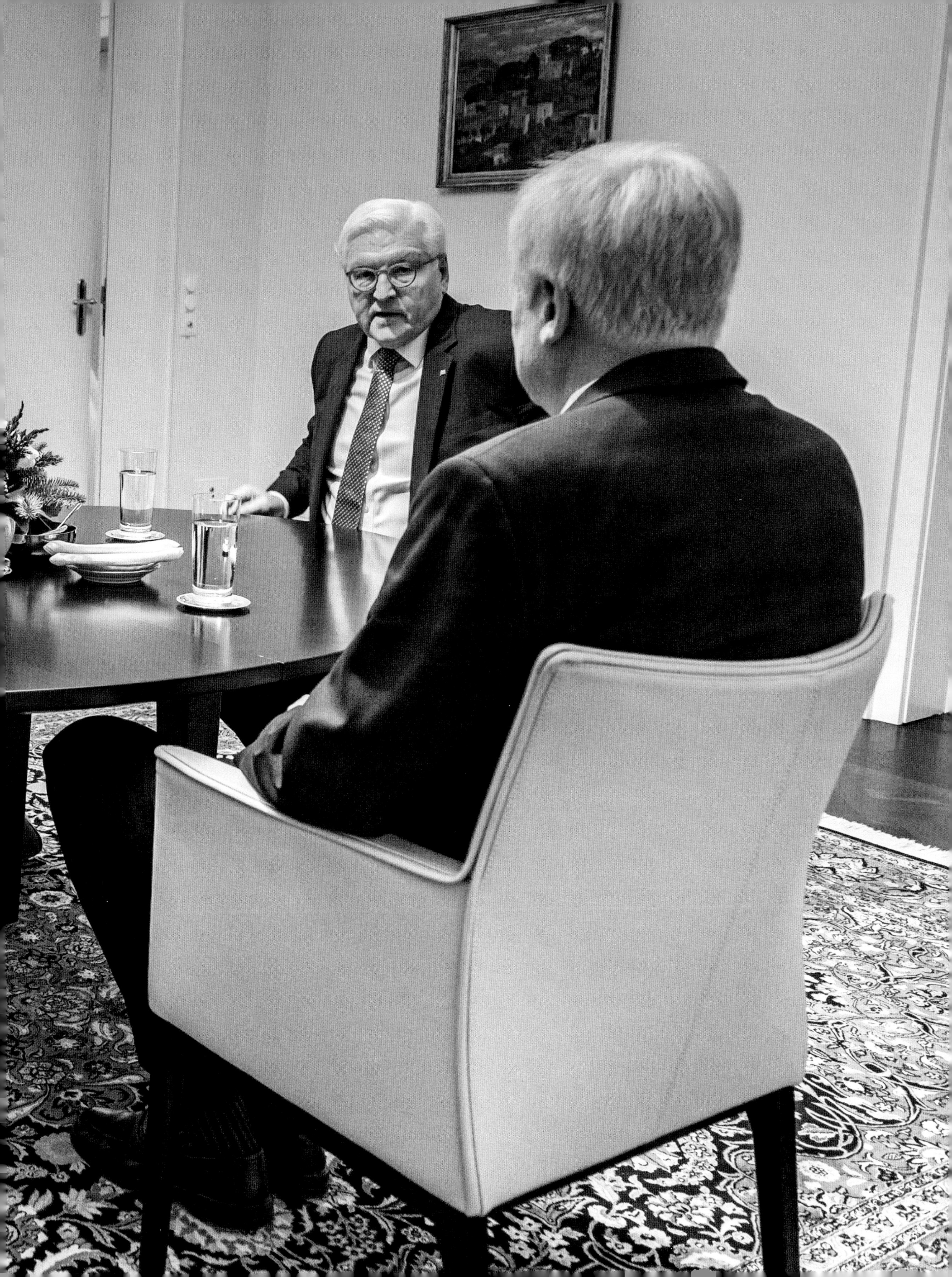

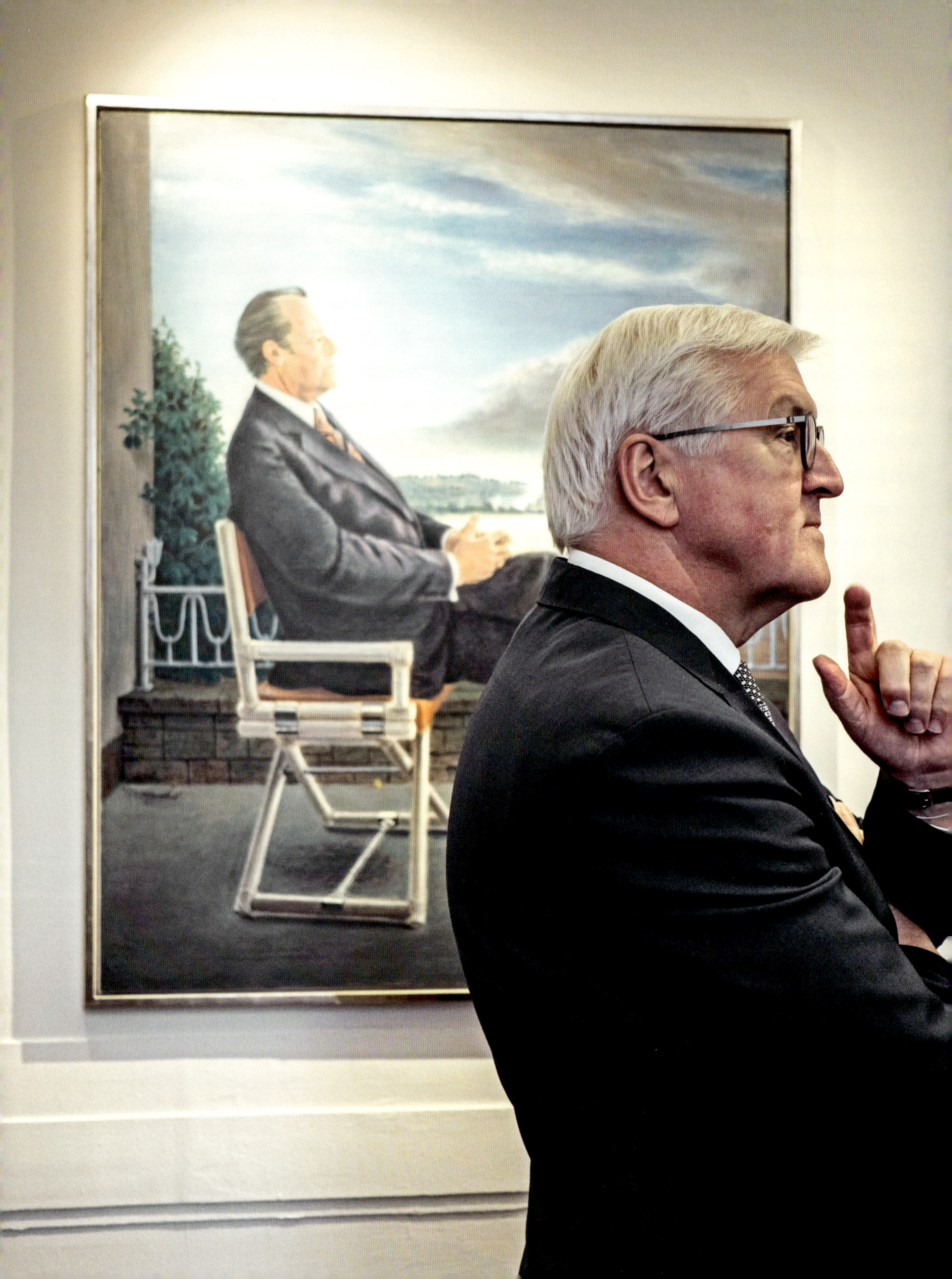

PORTRÄT FRANK-WALTER STEINMEIER

DER POLITISCHE PRÄSIDENT

VERTEIDIGER DER DEMOKRATIE IN UNSICHEREN ZEITEN

von Andreas Hoidn-Borchers

Bundespräsidenten sind, wenn die Zeiten ruhig sind, eher politische Mit-Läufer. Nice to have, irgendjemand muss schließlich die Botschafter ernennen, Orden verleihen oder Ministern Entlassungsurkunden aushändigen. Sie müssen sich schon ziemlich anstrengen, um im allgemeinen Getöse wahrgenommen zu werden und in Erinnerung zu bleiben. Walter Scheel? Hat gesungen. Karl Carstens? Ist gewandert. Von Weizsäcker hatte seine Privatfehde mit Kohl und die Tag-der-Befreiung-Rede zum 8. Mai 1945. Roman Herzog? Die folgenlose Ruck-Rede. Rau? Tja. Köhler? Ist getürmt. Wulff über einen Kredit aus dem Amt gestolpert. Und Frank-Walter Steinmeier? Schaun mer mal.

Es ist heiß. Es ist später als geplant, der neue ukrainische Präsident hat sich dann doch nicht so schnell verabschiedet nach seinem Antrittsbesuch im Schloss Bellevue. Frank-Walter Steinmeier entledigt sich erst einmal seines Jacketts und lässt sich ein Wasser bringen. Durchs geöffnete Fenster klingt blechernes Gehämmer. Draußen im Park wird gerade das Sonnenschutzsegel abgeschlagen, unter dem Steinmeier am Vormittag zu einem Gartenfest eingeladen hatte. Ein kleines Dankeschön für Bürger, die sich um die berufliche Bildung kümmern. Steinmeier wirkt gelassen, mit sich im Reinen. Aber so wirkt er fast immer. Er hat ein freundliches Gemüt. Man sollte sich Frank-Walter Steinmeier trotzdem nicht als tiefenentspannten Präsidenten vorstellen. Er hat – im September – bald Halbzeit in dem Amt, und es ist, alles in allem, keine besonders ruhige Hälfte gewesen. Vor allem aber könnte die zweite Hälfte noch weniger entspannt werden.

Da sind die Wahlen im Herbst, in Sachsen, Thüringen und Brandenburg, bei denen die einzig offenen Fragen zu sein scheinen, wie stark die AfD dabei abschneiden wird – und ob die CDU ihre Brandmauer gegen Koalitionen mit der extremen Rechten hält. Da ist die Frage, wie lange die Große Koalition noch existiert – über den Parteitag der waidwunden SPD Anfang Dezember hinaus oder nicht einmal so lange. Und ob Steinmeier, zum zweiten Mal binnen zweier Jahre, Neuwahlen prüfen muss. Und da ist, keinesfalls zuletzt, die Frage, ob die Stimmung im Land kippt nach dem politischen Mord am Kasseler Regierungspräsidenten Walter Lübcke, nach weiteren Anschlägen auf Politiker, nach unbegreiflichen Taten wie dem Mordstoß im Frankfurter Hauptbahnhof. Wahrscheinlich ist noch kein Bundespräsident vor einer derart heiklen Situation gestanden. Und dabei sind die Umwälzungen jenseits der deutschen Grenzen noch gar nicht miterwähnt. „Gewaltige politische Schiebebewegungen" hat Frank-Walter Steinmeier ausgemacht, eine Veränderung des Kräfteparallelogramms der Republik. Das Land – gespaltener. Der Diskurs – rechter. Die Volksparteien – haltloser. Die Sprache – verrohter. Die Haltung – verdrossener. Der Weg vom Wort zur Tat – kürzer.

„BEWÄHRUNGSJAHRE FÜR DIE DEMOKRATIE" NENNT ER DIESE ZEITEN.
Es sind damit auch: Bewährungsjahre für den Bundespräsidenten. Und es könnte sich noch als große Gunst der Geschichte erweisen, dass das Land ausgerechnet in diesen aufgeheizten Umbruchzeiten ein Staatsoberhaupt hat, das politisch erfahrener ist als alle seine Vorgänger. Und besonnen obendrein. Steinmeier erzählt an diesen heißen Spätnachmittag vom ersten Hintergrundgespräch, das er mit Berliner Journalisten nach seiner Wahl geführt

PORTRÄT FRANK-WALTER STEINMEIER

„Und wo kommt ihr her?", fragt Steinmeier, als er am Brandenburger Tor eine Schulklasse trifft.

Der heutige Bundesaußenminister Frank-Walter Steinmeier (vordere Reihe, 3. v. r.) posiert als etwa 16-Jähriger mit seinen Mannschaftskameraden vom TuS 08 Brakelsiek und ihrem Trainer Ernst Null.

hatte – und von den zweifelnden Gesichtern, in die er guckte, nach seiner Antwort auf die Frage, was er denn zum großen Thema seiner Präsidentschaft machen wolle. Das große Thema suche man sich nicht, das gebe die Zeit vor, hatte er geantwortet – und nach seinem Eindruck sei das die Verteidigung der Demokratie. Das klang damals, vor zwei Jahren, leicht irritierend. Das Schlimmste schien ja ausgestanden, Macron hatte die Wahlen in Frankreich gewonnen, nicht Le Pen; die Aufregung um die Flüchtlinge in Deutschland ebbte gerade ab, Martin Schulz hatte die SPD und die politische Debatte kurzzeitig wiederbelebt, und die AfD schien auf dem Weg in die Bedeutungslosigkeit.

Wovon also redete der Mann? Steinmeier redete von einer globalen Entwicklung, die er seit langem beobachtet hatte und die inzwischen endgültig auch bei uns angekommen ist. Als Außenminister hatte er früh wahrgenommen, dass sich etwas verändert in der westlichen Welt: „Weltweit gibt es ein Anwachsen von Anti-Establishment-Positionen." Vom Trumpismus bis zum Brexit, von italienischen Politkrawalleros bis zur AfD. Dabei handelt es sich um weit mehr als nur einen vorübergehenden Protest – es geht längst um ein langfristiges Abwenden von allen herkömmlichen Parteien, Institutionen und Medien. Um die System-Verachtung jener, die sich nicht beachtet fühlen. Die links Liegengelassenen verachten zurück.

STEINMEIER FÜRCHTETE: DA BRAUT SICH ETWAS ZUSAMMEN.
Der Grüne Robert Habeck hat mal auf die Frage, was ihn am meisten überrascht habe nach seinem Wechsel in die Bundespolitik, leicht pikiert geantwortet: Im politischen Berlin interessierten die Landespolitik und die Leute, für die sie gemacht wird, „keine Sau"; die ganze Erfahrung: für die Katz. Interessiert keine Sau – so kann ein Staatsoberhaupt das natürlich nicht sagen. Steinmeier kleidet seine Kritik in die präsidiale Mahnung, die „andere Hälfte unseres Landes" nicht zu vergessen – „die Menschen, die nicht in Städten leben, und die Menschen, die nicht Abitur machen und studieren, sondern in die berufliche Bildung gehen. Um diese wichtige Hälfte unserer Bevölkerung müssen wir uns stärker kümmern."

Man darf das durchaus als eine Art Fundamentalkritik verstehen – an den Polit-Elchen, zu denen er bis vor wenigen Jahren selber zählte. Gegen die Anti-Establishment-Haltung helfe nur eins, sagt Steinmeier: „Wir müssen raus aus den Hauptstädten, aus Berlin, Wiesbaden oder Schwerin." Bei jedem Namen hämmert er jetzt – mit der Hand auf die Tischkante. „Wir müssen als Repräsentanten der Demokratie schlicht und einfach wieder präsent und greifbar für die Menschen sein." Er selbst dient sich als Vorbild an. Seit zwei Jahren tourt er fernab der Hauptstadt durch die Regionen der Republik, in die sich Spitzenpolitiker selten verirren, wenn nicht gerade Wahlen anstehen. Steinmeier war, nur ein paar Beispiele, im Kyffhäuserkreis, im östlichen Bayerischen Wald und der Südwestpfalz. Er hat nie vergessen, woher er kommt. Das erdet ihn in diesem Amt. Er hätte deshalb auch gut ins Lipperland fahren können, nach Brakelsiek, seine Heimat. 1000 Einwohner, eine Tankstelle, zwei Gaststätten – „Zum Postillion" und „Alter Krug" –, reichlich Fachwerk und noch mehr Wald und Acker drum herum, viel Gegend, wenig Glanz – das ist das Dorf, in dem er aufgewachsen ist, „750 Meter von einem Ortsende bis zum anderen, damals eine Stunde zur nächsten Autobahn".

„DER FRANK, DER PFLÜCHT 'NE GRADE FURCHE."

Rainer Schriegel,
Mitspieler beim TuS 08 Brakelsiek

Vater Walter war Tischler, Mutter Ursula arbeitete in einer Pinselfabrik, nebenbei betrieben sie einen kleinen Hof am Rande des Dorfs. „Überreichlich ging es nie zu bei uns zu Hause", sagt Steinmeier, Jahrgang 1956. Er war einer der Ersten aus dem Dorf, die aufs Gymnasium gingen. Wie er danach mit stolzgeschwellter Brust zum ersten Mal die Schwelle der Universität Gießen zum Jurastudium überschritt, davon erzählt er bis heute gern. Er promovierte über „Bürger ohne Obdach". Es ist das klassische sozialdemokratische Aufstiegsmärchen, fast logisch, dass so einer früher oder später erst bei den Jusos und schließlich in der SPD landete.

Beim Fußball nannten sie Steinmeier „Prickel", kein Mensch weiß mehr, warum. Er spielte beim TuS 08 Brakelsiek defensives Mittelfeld, „kein Beckenbauer, eher Typ Katsche Schwarzenbeck", wie sein früherer Mitspieler Rainer Schriegel erzählt. Eines hat er nicht vergessen: „Der Frank, der pflücht 'ne grade Furche." Im Grund pflücht er weiter, immer weiter. Natürlich trifft ein Bundespräsident bei seinen Stippvisiten im Land auf eher ausgesucht gesittete Nörgler. Aber das genügt, um den Frust darüber mitzukriegen, dass die Alltagssorgen bei „denen da oben" vermeintlich keine Rolle spielen. Steinmeier glaubt, diesen Frust allein durch seine Anwesenheit etwas mildern zu können. Er nennt diese Besuche seine „Kür", neben den üblichen Amtsgeschäften, dem Reden und Reisen – 129 Mal war er bislang im Ausland unterwegs. Dabei müsste es eigentlich Pflichtprogramm sein – für jeden, die Kanzlerin inklusive.

Den Präsidenten und die Kanzlerin verbindet eine merkwürdige Partner-Gegner-Beziehung. Zweimal diente Steinmeier Merkel als Außenminister in einer Großen Koalition, zweimal attackierte er sie, zunächst als krachend scheiternder Kanzlerkandidat, danach als Oppositionsführer im Bundestag. Im Herbst 2017 schließlich brachte er mit seiner von Sigmar Gabriel eingefädelten und clever durchgesetzten Wahl zum Bundespräsidenten Merkel eine ihrer schmerzhaftesten Niederlagen ein. Sie wollte Steinmeier, den sie persönlich mutmaßlich mehr mag als er sie, partout verhindern. „Sie sagt mir alle zwei Wochen, dass sie ihn nicht will", erzählte Gabriel damals.

SIE LERNTE, IHN WOLLEN ZU MÜSSEN.

Steinmeier konnte sich rund ein Jahr später auf völlig unangreifbare Weise, nun ja, revanchieren. Nachdem FDP-Mann Christian Lindner aus den Verhandlungen über eine Jamaika-Koalition geflohen war, hätte Merkel gerne neu wählen lassen. Steinmeier sperrte sich, mit dem Hinweis auf die Verfassung, mögliche andere Regierungsbündnisse und mit der Rückendeckung von Verfassungsgerichtspräsident Andreas Voßkuhle (einem Mann, nebenbei, den Merkel gerne als Bundespräsidenten gewollt hätte). Und seinen früheren Parteifreunden in der SPD-Spitze machte er klar, dass sie sich Gesprächen mit Merkel aus staatspolitischer Verantwortung nicht verweigern könnten. Die SPD lernte, die Große Koalition noch einmal wollen zu müssen. Steinmeier zwang Union und SPD zusammen. Es war der politischste Moment in der Geschichte der Bundespräsidenten. Mehr Macht als Steinmeier konnte kein anderer demonstrieren.

Seither gilt er Übelmeinenden sogar als Vater der gesamten gegenwärtigen Misere des einstmals so soliden deutschen Parteiensystems. „Instabilisator"

PORTRÄT FRANK-WALTER STEINMEIER

Entspannt bei der Arbeit im Flugzeug zur Auslandsvisite…

… und staatsmännisch im Frack vor dem Galadiner in Helsinki. Links neben ihm der finnische Präsident Sauli Niinistö mit Ehefrau Jenni Haukio.

Frank-Walter Steinmeier Ende der 70er Jahre als Student der Rechts-und Politikwissenschaften.

schimpfte ihn der „Spiegel" sogar in einem Leitartikel, was Steinmeier wahnsinnig aufregte. Er habe Merkel und Co. „schlicht und einfach die Verfassungslage erläutert", sagt er zur Verteidigung in eigener Sache, erster Teil. Den zweiten Teil lieferte er, nachdem sich die Widerwilligen zusammengerauft hatten. Ein „schlichter Neuaufguss des Alten" werde nicht genügen, „verlorengegangenes Vertrauen zurückzugewinnen", appellierte er bei der Ernennung an die neue alte Regierung. Bildung, Wohnen, Digitales seien die wichtigen Themen. Diese Große Koalition müsse sich „neu und anders bewähren", sie sei „gut beraten, genau hinzuhören und hinzuschauen, auch auf die alltäglichen Konflikte im Land – fern der Weltpolitik".

Unerhörte Töne. Zum einen, weil es noch kein Präsident vor ihm gewagt hatte, einer Regierung vorzuschreiben, worum sie sich zu kümmern habe – und dann auch noch, wie. Zum anderen, weil sie eben genau das blieben: unerhört. Die Worte waren, wie der kleinliche Zank der ersten Regierungsmonate zeigte, in den Wind gesprochen. Präsidentenschicksal. Steinmeier kann noch heute ziemlich präzise aus dieser Rede zitieren, die er, so kurz sie war, zu seinen wichtigsten zählt – und man merkt ihm an, wie enttäuscht er darüber ist, dass sie offenkundig so wenig gefruchtet hat.

Und jetzt? Gegner? Partner? Der Präsident, der auch einen veritablen Regierungschef abgegeben hätte, und die Kanzlerin, die zuweilen agiert wie eine Aushilfspräsidentin, harmonieren oberflächlich betrachtet ganz gut miteinander. Muss ja. Merkel hat sich schon in ganz andere Zweckgemeinschaften gefügt, an denen sie nichts mehr ändern kann. Und Steinmeier würde die Kanzlerin nie öffentlich rügen, nicht mal milde kritisieren. Das tut man nicht unter Verfassungsorganen. In solchen Dingen ist der Präsident sehr formfest. Er hat allerdings eine Weile gebraucht, bis er die Metamorphose einigermaßen bewältigt hatte: vom äußerst aktiven Außenminister zum im aktuellen Geschäft zur Zurückhaltung verpflichteten Präsidenten; statt 7000 Mitarbeitern weltweit nur noch 200, inklusive Gärtner und Koch. Ein bisschen ist das, als würde Sebastian Vettel plötzlich Seifenkistenrennen fahren. Wobei, Steinmeier hat dem eher betulichen Amt dann doch schnell beigebogen, fix zu reagieren und zu organisieren, wenn er es für nötig hält – notfalls über Nacht, wie nach den Krawallen beim G20-Gipfel, als Steinmeier sofort nach Hamburg wollte, um mit Polizisten zu sprechen. Alter Politikerreflex. Muss ja nicht falsch sein.

Vor den Europawahlen schaffte er es, mit Ausnahme der Monarchen die Staatsoberhäupter aller Mitgliedsstaaten zu einem gemeinsamen Wahlaufruf zusammenzutrommeln: „Europa ist die glücklichste Idee, die wir je hatten." Die unausgesprochene, aber für jeden verständliche Subbotschaft war: Gebt eure Stimme nicht den Rechten und Populisten, die diese Idee kaputtmachen wollen. Steinmeier nimmt sich ohnehin einige Freiheiten, nicht nur politisch. Er hat seine Frau Elke Büdenbender quasi zur inoffiziellen Nebenpräsidentin gemacht. Es kommt vor, dass sie redet, und er sitzt in Reihe eins und hört zu. Oder dass er vom Pult aus verkündet: „Wenn meine Frau und ich im Schloss Bellevue entscheiden … "Solange Steinmeier sozusagen Politiker im Normalmodus war, mied Büdenbender die Öffentlichkeit. Sie führte ihr Leben, fertig. Als die Frage anstand, ob Steinmeier als Präsident antreten soll, haben sie verabredet: Das machen wir zusammen. Der schöne Neben-

> **SCHREITEN KANN ER, HAT ER JA ALS AUSSENMINISTER LANGE GEÜBT.**

effekt: So viel Zeit wie jetzt haben sie die vergangenen zwei Jahrzehnte nicht miteinander verbracht. Im August 2010 spendete er seiner Frau eine Niere. Nach der Geburt ihrer gemeinsamen Tochter Merit im Frühjahr 1996 war bei Elke Büdenbender Niereninsuffizienz festgestellt worden. Er hielt die Spende für „selbstverständlich". Steinmeier selbst hatte kurz vor dem Examen wegen einer Infektion beinahe das rechte Auge verloren, hätte er nicht die Hornhaut eines Verstorbenen erhalten. Seitdem besitzt er einen Organspendeausweis. Seit vielen Jahren wirbt er beharrlich bei den Deutschen dafür, sich als Organspender zur Verfügung zu stellen. Auch hier leider: mit eher überschaubarem Erfolg.

Ein Typ wie Steinmeier lässt sich nur begrenzt einhegen. Er kann den Protokollchef schon mal an den Rand einer ernsthaften beruflichen Krise bringen. Nach einem Interview mit dem „Stern" möchte ihn der Fotograf gerne etwas legerer ablichten. Ob er nicht das Jackett ablegen könne. Steinmeier zieht es bereitwillig aus. Sofort schreitet der Mann vom Protokoll ein. Der Bundespräsident darf nicht im Hemd fotografiert werden! Die Würde des Amtes. Steinmeier bleibt trotzdem ohne. Was der Präsident darf, entscheidet der Präsident, jedenfalls wenn die Entscheidung nicht gleich die Grundfesten des Staates erschüttert. Da bleibt er Mensch und politischer PR-Profi. Er bratzt auch alten Bekannten immer noch die Pranke zur Begrüßung ins Kreuz und fläzt sich zuweilen höchst protokollfern auf den Stuhl. Gut, natürlich nicht beim Staatsbankett. Aber wenn er sich zum Beispiel in Ljubljana im „Zlata Ribica" zum Essen und Gespräch mit slowenischen Intellektuellen trifft, von denen er sich eine einigermaßen ungeschönte Einschätzung der Stimmung im Land erhofft, dann landet, schwupps, der linke Steinmeierarm über der Stuhllehne, und der restliche Präsident liegt, die Beine übereinander geschlagen, mehr im Stuhl, als dass er säße. Das entspannt nicht nur ihn, sondern die ganze Situation.

Man muss trotzdem keine Angst haben, dass er sich – und das Land – auf dem roten Teppich blamiert. Schreiten kann er, hat er ja als Außenminister lange geübt. Aber Seine Steifheit ist nicht sein zweiter Titel. Er pflügt einfach seine Furche.

Auf der anderen Seite merkte Steinmeier schnell, dass er plötzlich anders wahrgenommen wird. Er ist als Präsident für viele Menschen nicht mehr „einer von denen" – sondern vermeintlich der Politikerkaste entrückt. Das ist eine merkwürdige Zwitterstellung für einen, der auf keinen Fall der Versuchung erliegen will, sich als Dagegen-Präsident gegen „die Politiker" zu profilieren. Dafür steckt einfach zu viel Politiker in ihm. Über die Mechanik der Macht und des Regierens muss ihm keiner was erzählen. Er war Außenminister, Kanzlerkandidat und Fraktionschef. Er hat die Staatskanzlei in Niedersachsen geleitet und das Kanzleramt in den sieben rot-grünen Jahren. Für Gerhard Schröder war „der Frank" als Chef des Kanzleramts sein Mann für alle Fälle. Schröder malte die großen Linien, Steinmeier kümmerte sich ums Detail. Der Begriff Graue Eminenz hätte für ihn erfunden worden sein können. Steinmeier kannte alle Akten und alle Winkelzüge, zog Strippen, löste Konflikte, bereitete Entscheidungen vor. Seinen „Mach mal" nannte ihn Schröder. Und es gehört zur Ironie der Geschichte des Bundespräsidenten Frank-Walter Steinmeier, dass er in seinem aktuellen Amt gegen jene

PORTRÄT FRANK-WALTER STEINMEIER

Spaltung anzukämpfen versucht, die auch er mitverursacht hat – als geistiger Vater der Hartz-IV-Gesetze. Schröder wusste, was er an Steinmeier hatte. Wenn er gefragt wurde, wer ihn denn mal als Kanzler beerben könne, antwortete er ohne Zögern: „Der Frank."

Der Frank wäre auch gern Kanzler geworden, viel lieber jedenfalls als Chefrepräsentant der Republik. Bundespräsident ist allerdings mehr als ein Trostpreis für das unermüdliche Rackern im Dienste der Republik und der Sozialdemokratie, ein sehr wertvoller Trostpreis sogar. Es ist die Einlasskarte in die Geschichte. Steinmeier ist erst der dritte SPD-Politiker in dem Amt, nach Gustav Heinemann und Johannes Rau. Keine schlechte Ahnenreihe.

Als Präsident lädt der einstige Adlatus Steinmeier nun den Altkanzler Schröder zum Ehrenessen anlässlich des 75. Geburtstags samt ein paar alter Kumpels und Weggefährten in seine Dienstvilla in der Dahlemer Pücklerstraße ein. Für die großen Linien ist Steinmeier jetzt selber zuständig, was allerdings noch lange nicht heißt, dass er Details den anderen überließe. Berüchtigt die „Grünstiftfassung", wenn Steinmeier wieder mal penibel einen Redetext überarbeitet hat.

Der vom Mach-Mal zum Mahn-Mal mutierte Steinmeier ist kein Großrhetor und Schwerpathetiker wie sein Vorgänger Joachim Gauck. Er kommt, nun ja, bodennäher daher. Ein großer Vortragskünstler wird in diesem Leben nicht mehr aus ihm. Was ein bisschen schade ist, weil Steinmeiers Reden inhaltlich gar nicht mal so übel sind. Die beste hat er 2018 am 9. November im Bundestag gehalten, die Verteidigungsrede der Republik eines Republikaners. Er hat darin einen großen Bogen geschlagen von der Weimarer Republik („Historisch gescheitert ist nicht die Demokratie – historisch gescheitert sind die Feinde der Demokratie") bis heute, mit unverhohlenen Seitenhieben auf die AfD: „Wir dürfen nicht zulassen, dass einige wieder von sich behaupten, für das ‚wahre Volk' zu sprechen." – „Diese Rede wollte ich halten, die trage ich seit 40 Jahren in mir", sagt Steinmeier. Im Garten hat das Hämmern inzwischen aufgehört. „Bonn ist nicht Weimar – die frühe Bundesrepublik hat den Satz noch so verstanden, dass diese Demokratie stabil ist und immer ausreichend Demokraten zur Verfügung stehen, um sie zu verteidigen. Vielleicht spüren wir jetzt erst: Zum Wesen der Demokratie gehört, dass nichts garantiert ist."

Nein, es ist nichts garantiert. Nicht einmal, dass ihm eine zweite Amtszeit vergönnt ist – egal, wie gut er seinen Job macht. Wollen würde er wohl gerne. Ihm macht das Amt Spaß, vielleicht auch, weil die Zeiten so unübersichtlich sind und die Welt, wie er seit langem sagt, „aus den Fugen" ist. Aber die Schwindsucht der SPD macht eine Wiederwahl eher unwahrscheinlich.

Steinmeier könnte also froh sein über die gescheiterten Jamaika-Verhandlungen. Zeitgeschichtlich betrachtet hatte er seinen Präsidenten-Moment schon, zudem einen, der auf jeden Fall in Erinnerung bleiben wird. Könnte allerdings sein, dass in der zweiten Halbzeit weitere hinzukommen.

Steinmeier zeichnet, am liebsten Elefanten. Hier bekommt eine Mitarbeiterin ein Buch mit Widmung.

GHANA/12.12.2017

VON GHANA BIS ZUM LIBANON

Staatsbankett in Accra. Beim Abspielen der Nationalhymnen stehen alle, hinter ihnen das wandfüllende Gemälde eines afrikanischen Künstlers. Zur Linken des Bundespräsidenten sehen wir den Präsidenten der Republik Ghana, Nana Akufo-Addo. Neben ihm der Chef des Bundespräsidialamtes Stephan Steinlein und als Zweite von links Brigitte Zypries, Ministerin für Wirtschaft und Energie.

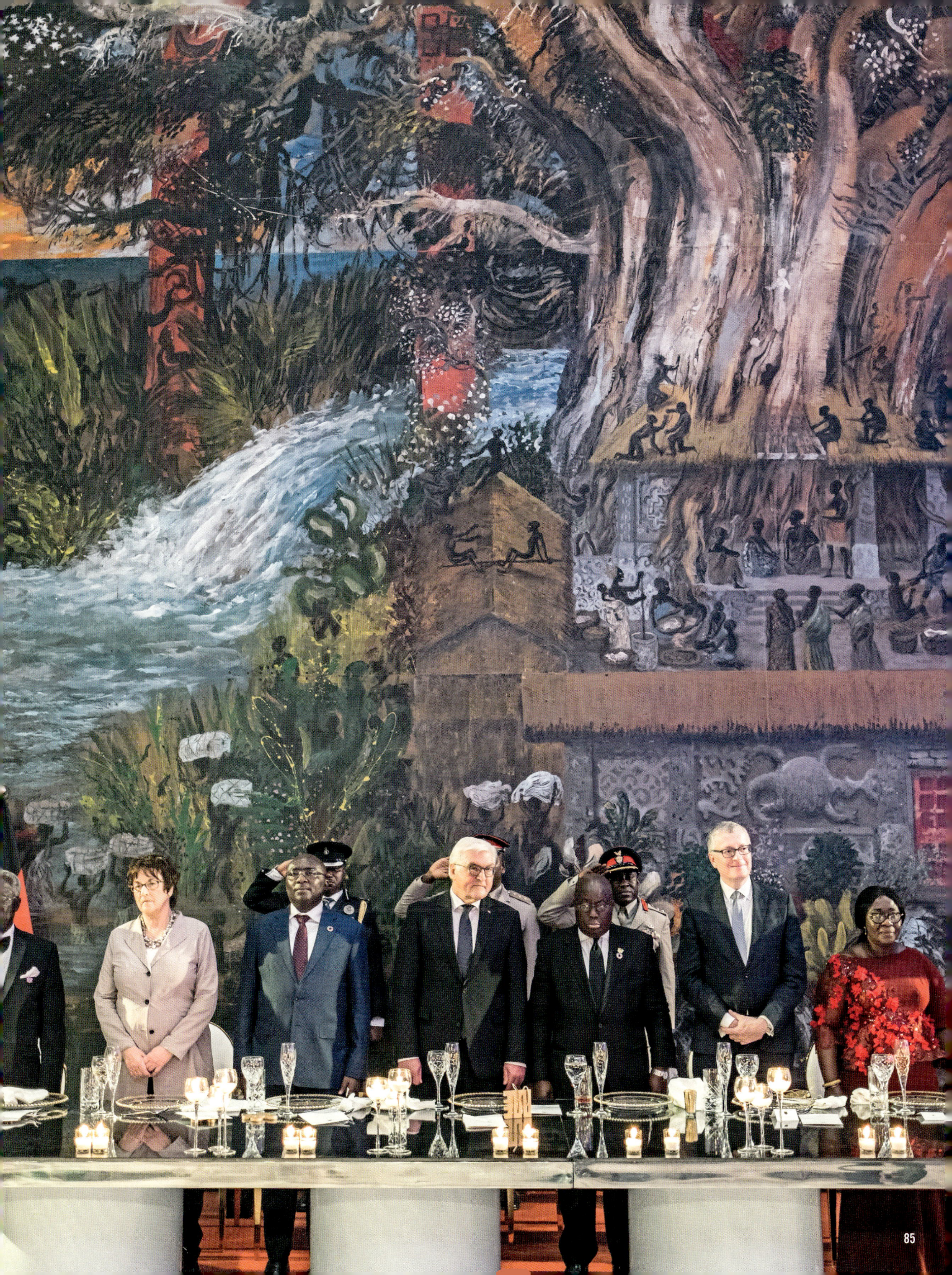

GHANA/13.12.2017

Bei einem Besuch in der Artists Alliance Gallery in Accra bekommt der Bundespräsident als Souvenir ein Porträt seiner selbst, eine Collage aus Stoffen.

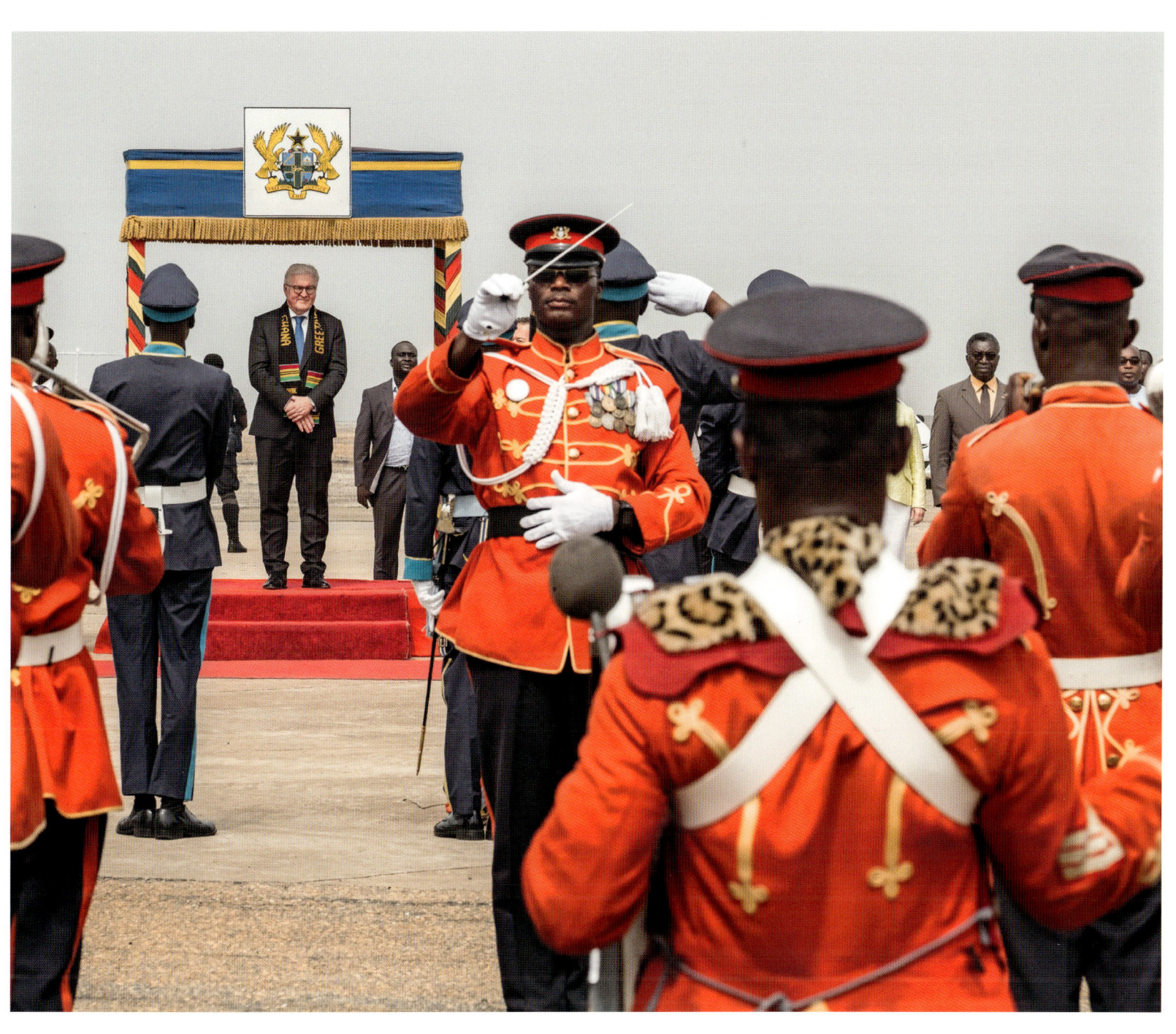

Vor seinem Weiterflug nach Gambia wird der Bundespräsident auf dem Flughafen von Accra mit militärischen Ehren verabschiedet.

SCHLOSS BELLEVUE/21.12.2017

Alle Jahre wieder: Ein paar Tage vor Heiligabend wird der Langhanssaal im ersten Stock zum Fernsehstudio. Dann rückt ein Fernsehteam an, um die Weihnachtsansprache des Bundespräsidenten aufzuzeichnen. Wenn alle Kerzen brennen, geht es los.

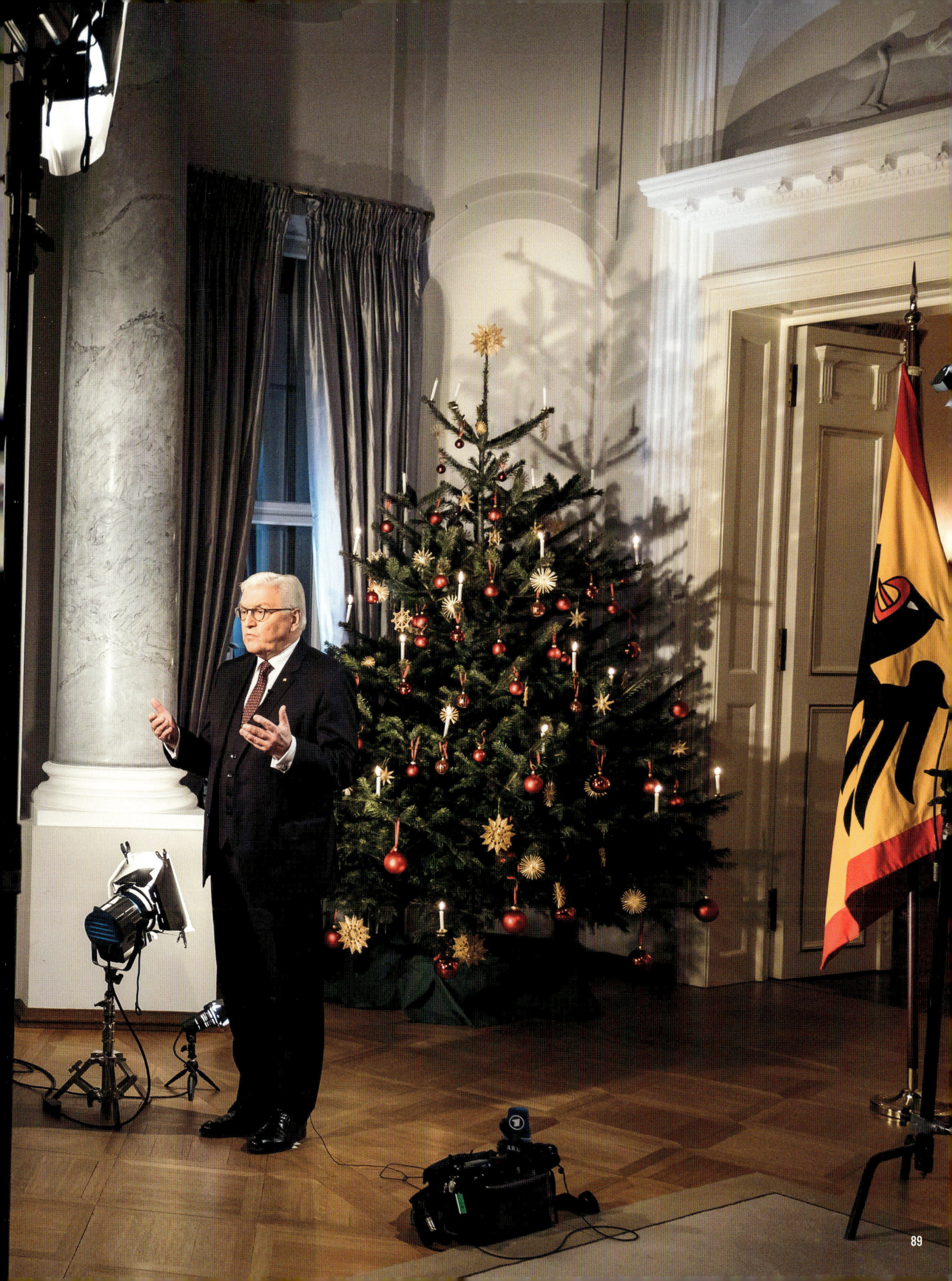

SCHLOSS BELLEVUE/09.01.2018

Halbzeitpause beim Neujahrsempfang: Der Bundespräsident nutzt den Moment, um noch einmal seine Rede durchzusehen. Elke Büdenbender bespricht sich derweil mit Natalie Kauther, Leiterin des persönlichen Büros des Bundespräsidenten.

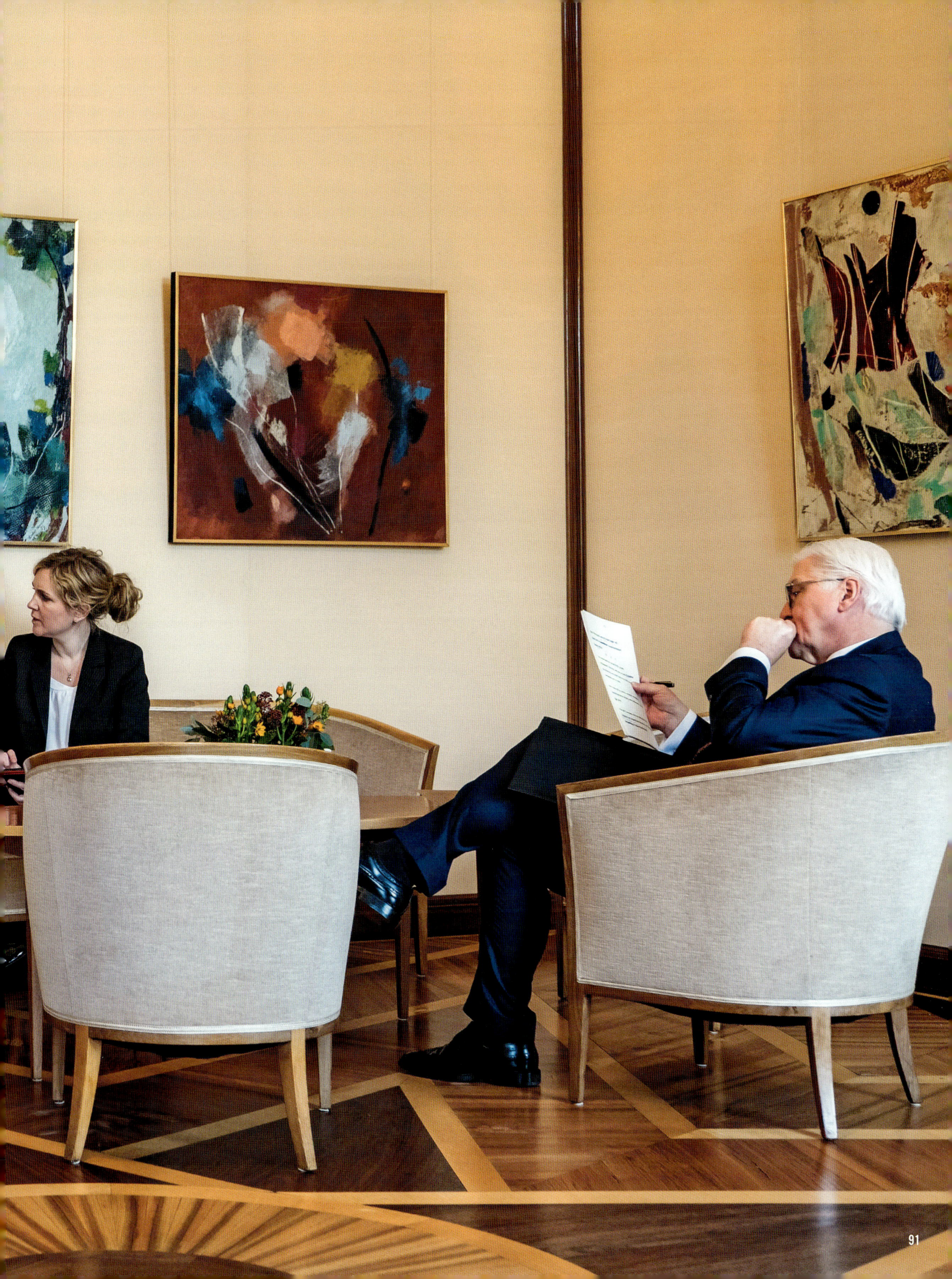

Vor der gemeinsamen Pressekonferenz von Ministerpräsident Shinzō Abe und Bundespräsident Steinmeier bringen japanische Journalisten ihre Aufnahmegeräte vor einem Lautsprecher in Stellung.

Der Besuch beim Tenno und seiner Frau, dem japanischen Kaiserpaar, ist der Höhepunkt des Besuchs in Tokio. Kaiser Akihito sitzt links, Kaiserin Michiko rechts, ein Protokollbeamter beobachtet das Geschehen. Fast wäre der Termin geplatzt, weil kein männlicher Dolmetscher für den Kaiser zur Stelle war. Noch nie hatte das eine Frau gemacht. Die Fotografen haben genau 90 Sekunden Zeit, dann werden sie hinausgeleitet.

Goldene Bücher, Gästebücher; wo immer sie hinkommen, werden der Bundespräsident und seine Frau zur Unterschrift gebeten wie hier im Furniture Museum in Seoul.

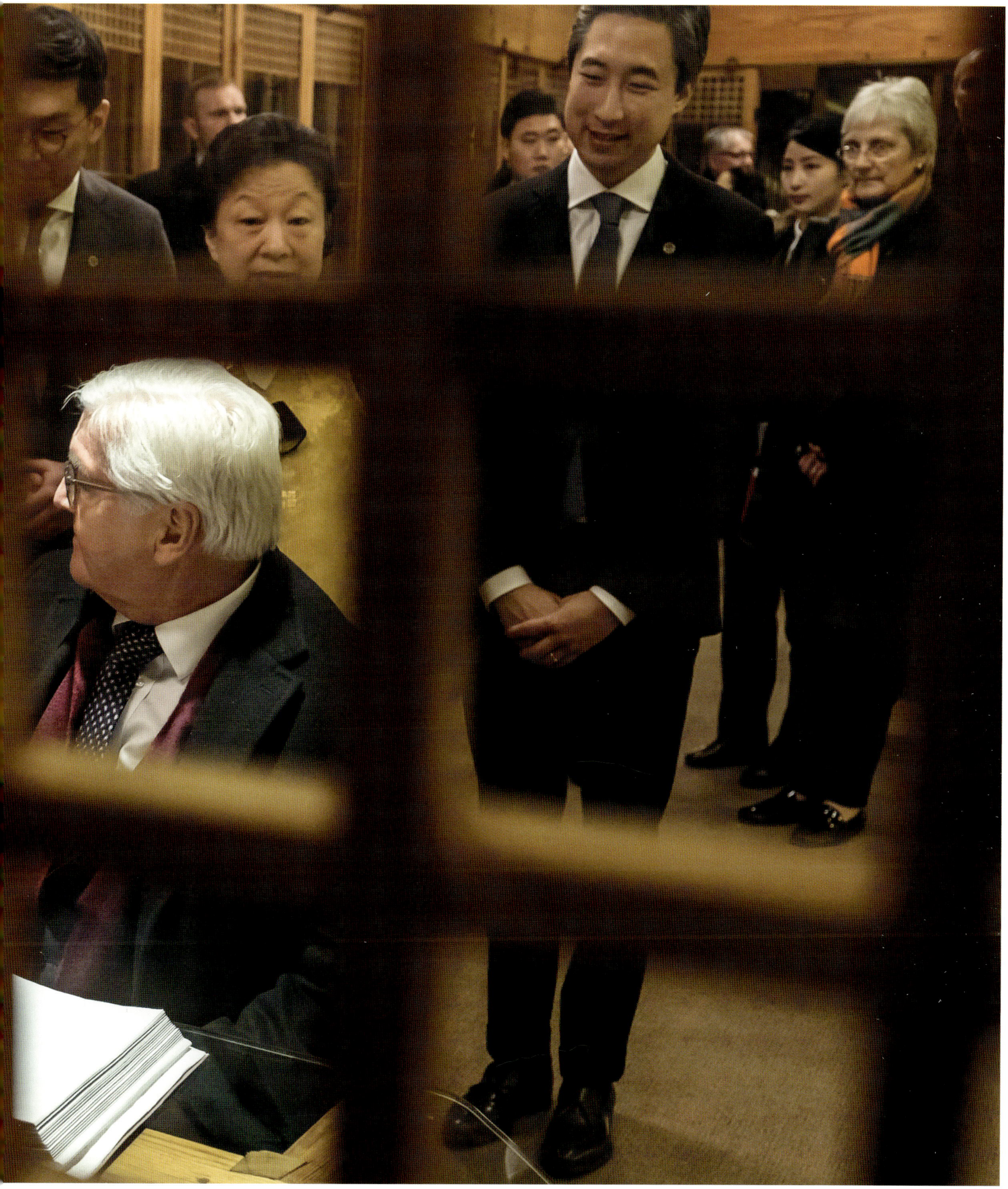

KOREA/08.–09.02.2018

Präsidentenpaar in Schlappen: Im Korean Furniture Museum wird unter anderem gezeigt, wie man früher in Korea lebte. Die Sitte, dass man beim Betreten eines Hauses die Schuhe auszieht, hat damals wie heute Bestand. Sie gilt auch für hochrangige Besucher.

Zu den Veranstaltungen rund um die Olympischen Winterspiele gehört auch ein Konzert der Berliner Band 2raumwohnung. Die deutsche Botschaft hat die Musiker nach Seoul eingeladen. Vor ihrem Auftritt amüsieren sich Frank-Walter Steinmeier und Elke Büdenbender mit Sängerin Inga Humpe.

Im Deutschen Haus in Pyeongchang wird der Bundespräsident von Florian Hambüchen interviewt, der als TV-Moderator die Olympischen Spiele kommentiert.

„*Ich schwöre feierlich, die Bruderschaft zu unterstützen und mich weiterhin für die Würde des Portweins einzusetzen.*" Nachdem Steinmeier diese Formel auf Portugiesisch nachgesprochen hat, ist seine Aufnahme in die Portweinbruderschaft besiegelt. Eine Ehre, die vor ihm schon 46 Staatsoberhäuptern und Königen zuteil wurde.

99

EIN GANZ NORMALER ARBEITS-TAG

„Der Tag beginnt um 10 Uhr mit dem Empfang von neu in Berlin akkreditierten Botschaftern, die dem Staatsoberhaupt die Beglaubigungsschreiben ihrer Regierung überbringen. Hierfür schreibt das Protokoll das Tragen eines festlichen Gesellschaftsanzugs, des Cutaways, vor. Alternativ dürfen Uniform oder landesübliche Tracht getragen werden. Am Nachmittag arbeitet Steinmeier an seinem Schreibtisch. Der Tag endet mit einem Ehrenessen zum 75. Geburtstag seines Vor-Vorgängers Horst Köhler."

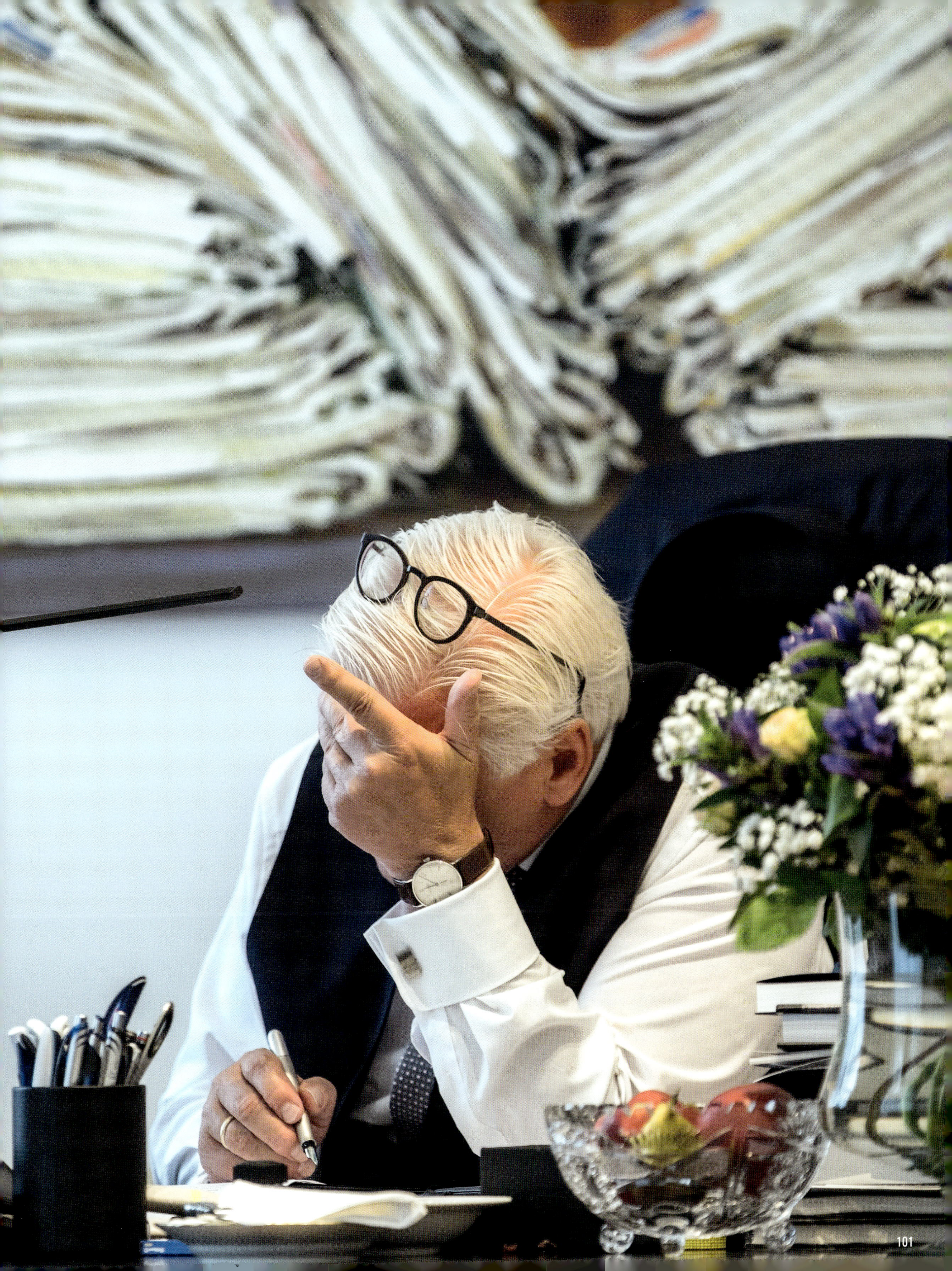

24 H – SCHLOSS BELLEVUE/08.03.2018

Letzter Schliff: Zum Empfang der neuen Botschafter ist das Wachbataillon der Bundeswehr angetreten.

Gemeinsam mit dem Leiter der außenpolitischen Abteilung im Bundespräsidialamt, Thomas Bagger (links), und Staatssekretär Walter Lindner aus dem Auswärtigen Amt erwartet der Bundespräsident die Besucher.

24 H – SCHLOSS BELLEVUE/08.03.2018

Edgardo Mario Malaroda, der neue Botschafter Argentiniens (rechts), stellt dem Bundespräsidenten seine Delegation vor.

Steinmeier twittert zwar nicht, doch das Verfassen von Textnachrichten geht ihm recht flott von der Hand.

Im Vorzimmer des Bundespräsidenten arbeitet Simone Kaiser. Zusammen gehen sie seinen Terminplan durch.

24 H – SCHLOSS BELLEVUE/08.03.2018

Der Bundespräsident und sein Protokollchef Kai Baldow besprechen letzte Details rund um den bevorstehenden Abendtermin.

Kurz vor dem Empfang zu Ehren von Horst Köhler holt Elke Büdenbender ihren Mann in seinem Arbeitszimmer ab.

24 H – SCHLOSS BELLEVUE/08.03.2018

Treffen sich drei Bundespräsidenten, deren Ehefrauen und die Kanzlerin: Der Witz, den Horst Köhler gerade erzählt hat, war offensichtlich nicht schlecht. Die Gäste sind jedenfalls amüsiert.

Beim Defilee vor dem Diner begrüßt Horst Köhler seinen Sohn Jochen, seine Schwiegertochter Ruth und seine Enkelkinder.

Rund 150 geladene Gäste haben im Großen Saal Platz genommen und hören der Rede des amtierenden Staatsoberhaupts zu.

SCHLOSS BELLEVUE/14.03.2018

Es ist vollbracht. Kanzlerin und Kabinett sind vereidigt, die Ernennungsurkunden sind verteilt, zufrieden verlassen der Bundespräsident und Angela Merkel den großen Saal im Schloss Bellevue.

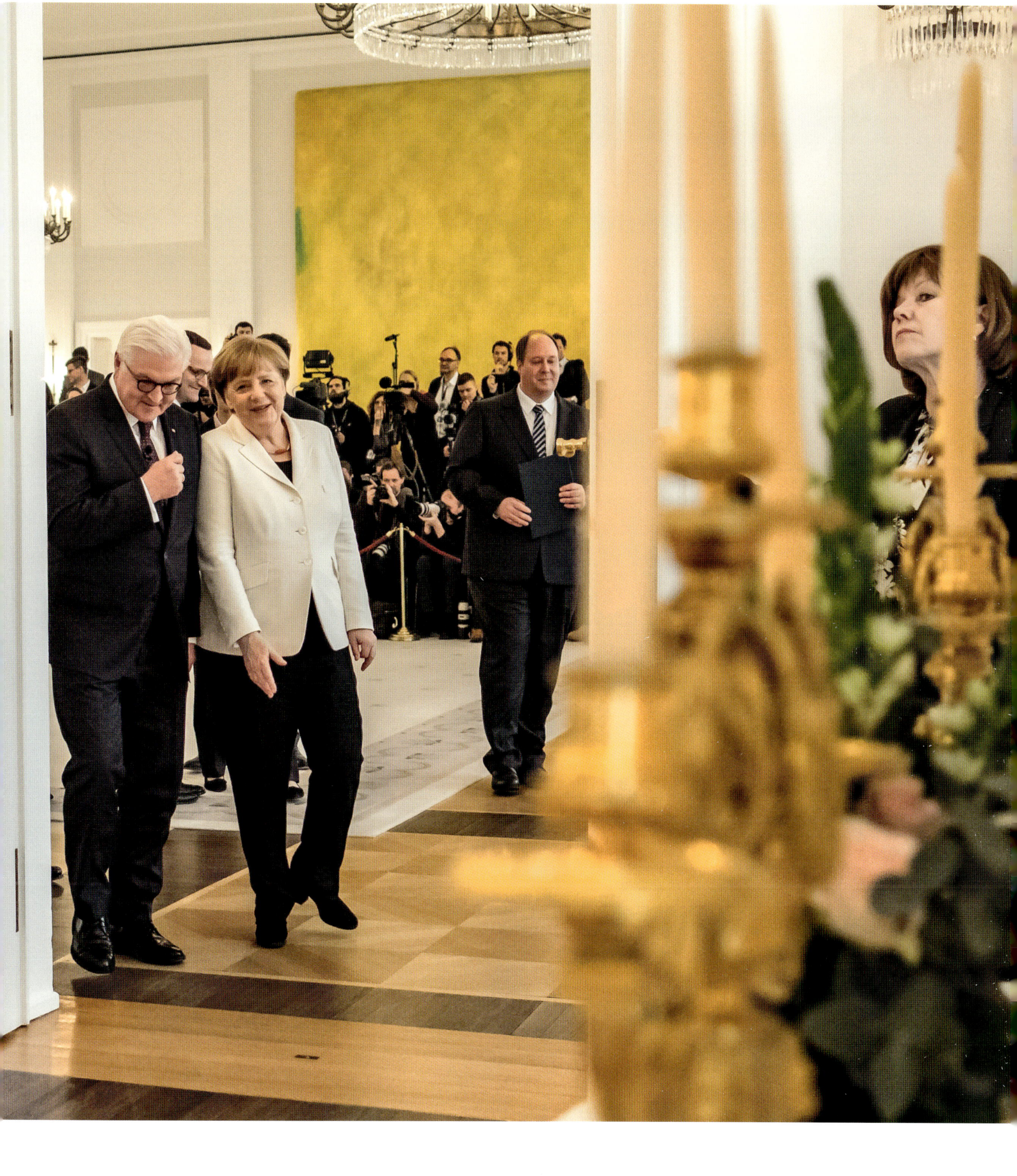

MAINZ/19.03.2018

Der verstorbene Kardinal Karl Lehmann ist in der Augustinerkirche aufgebahrt. Unter den Trauergästen sind neben dem Bundespräsidenten und seiner Frau auch Malu Dreyer, die Ministerpräsidentin von Rheinland-Pfalz, ihr Ehemann Klaus Jensen sowie Peter Kohlgraf, der Bischof von Mainz.

113

Fußballspielen kann der Bundespräsident ja sowieso, aber an einem Tischkicker kann er auch nicht vorbeigehen. Der Bundespräsident der Schweizerischen Eidgenossenschaft Alain Berset ist allerdings ein ernstzunehmender Gegner.

Alain Berset und Frank-Walter Steinmeier besichtigen ein sogenanntes NeighborHub in Freiburg in der Westschweiz. Das mit Sonnenenergie betriebene Haus wurde von Studierenden von vier Universitäten als Modell für eine nachhaltige Lebensweise entworfen und gebaut.

KIEL/16.06.2018

Bevor er die Kieler Woche offiziell eröffnen wird, ist Bundespräsident Steinmeier zu Gast auf dem Segelschoner „Thor Heyerdahl", der als schwimmendes Klassenzimmer über die Meere kreuzt. Bei Manövern muss hier jeder mit anpacken.

117

USA / 17.–21.06.2018

In der VIP-Kabine des Regierungsfliegers „Konrad Adenauer" geht es recht lässig zu. Jackett und Krawatte bleiben im Koffer, wenn der Bundespräsident mit seiner Frau und seinen engsten Mitarbeitern die Termine der bevorstehenden Reise durchspricht. Immer dabei, wenn es ins Ausland geht, sind Staatssekretär Stephan Steinlein, Chef des Bundespräsidialamtes (links), und Thomas Bagger, Leiter der außenpolitischen Abteilung.

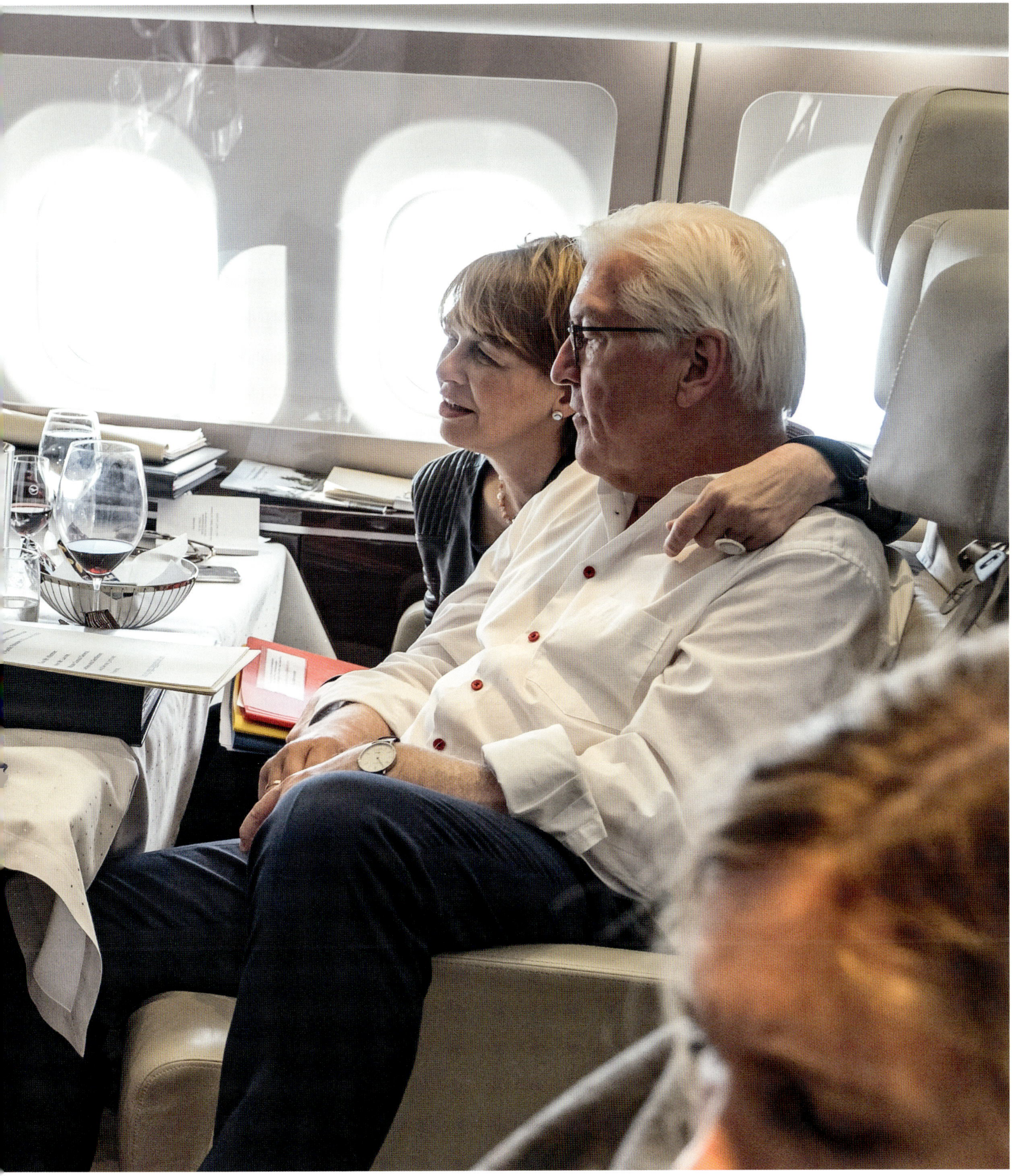

USA/17.–21.06.2018

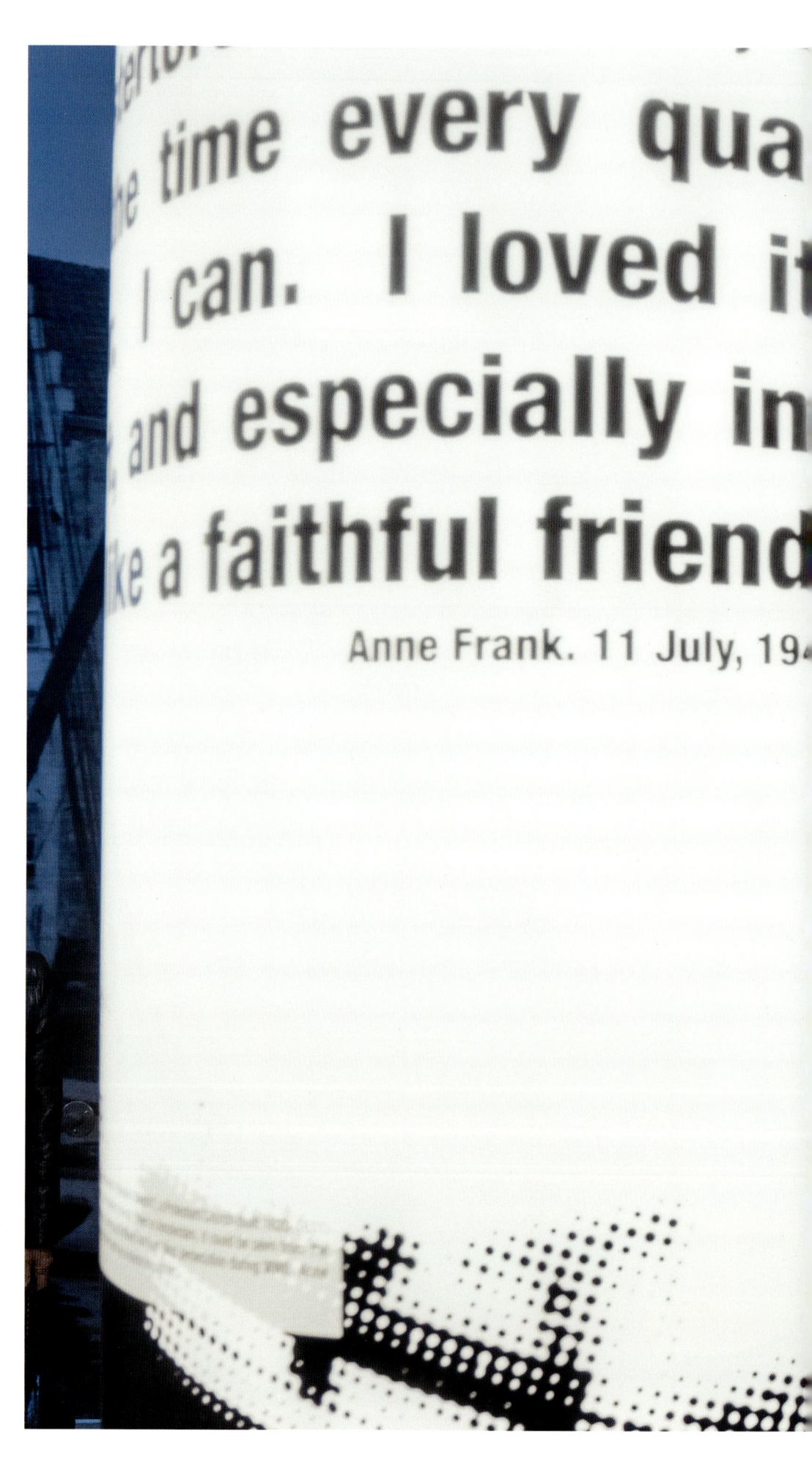

Im Museum of Tolerance des Simon Wiesenthal Centers in Los Angeles. Ein Teil der Ausstellung ist dem Schicksal von Anne Frank gewidmet.

121

USA / 17.–21.06.2018

Zur offiziellen Einweihung des Thomas-Mann-Hauses in Pacific Palisades sind auch Fridolin Mann, Enkel des Schriftstellers, und seine Frau Christine angereist.

Kurzer Ausflug ohne Protokoll: Frank-Walter Steinmeier und Elke Büdenbender brechen zu einem Spaziergang zur Strandpromenade von Santa Monica auf.

USA/17.–21.06.2018

Gruppenbild mit Lederjacken. Die Motorradstaffel der Polizei von San Francisco, die die Wagenkolonne des Bundespräsidenten begleitet.

Zeit für ein kurzes Gespräch mit der ehemaligen Kollegin, der früheren US-Außenministerin Condoleezza Rice.

In der St. Boniface Catholic Church in San Francisco finden Obdachlose tagsüber eine Unterkunft. Ein Franziskanermönch erläutert das Hilfsprojekt.

BREMEN/27.06.2018

Einmal im Jahr lädt der Bundespräsident die Missionschefs des Diplomatischen Corps zu einem Tagesausflug ein. In diesem Jahr besuchen sie Bremen, wo die Gäste zur Mittagszeit in der Oberen Halle des Rathauses bewirtet werden.

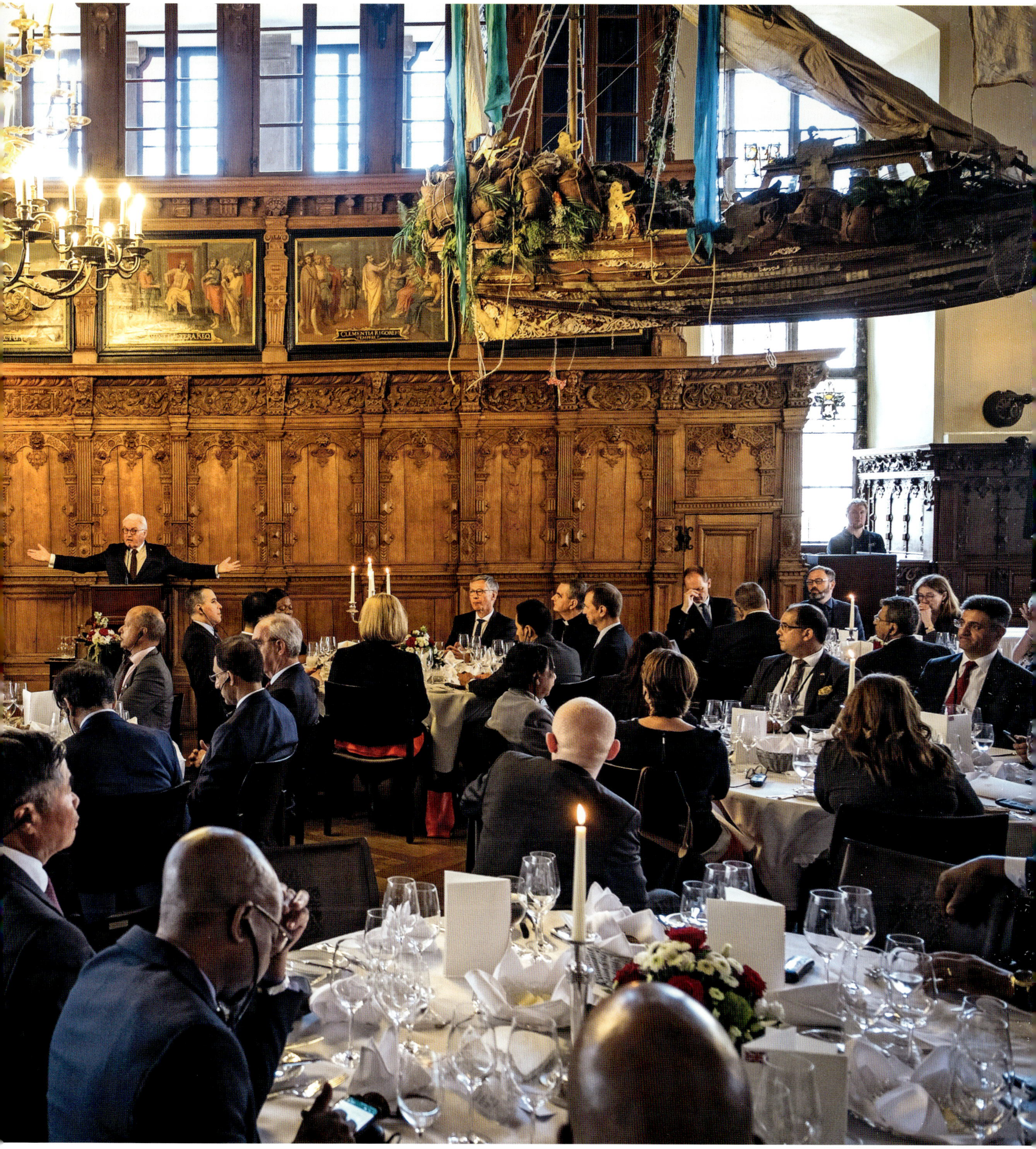

Maly Trostinez unweit von Minsk war einer der schlimmsten Vernichtungsorte der Nazis im Osten. Hier ermordeten sie zwischen 1942 und 1944 bis zu 60.000 Menschen. An einem heißen Sommertag weiht Bundespräsident Steinmeier gemeinsam mit dem weißrussischen Präsidenten Alexander Lukaschenko und Österreichs Staatschef Alexander Van der Bellen eine Gedenkstätte ein.

129

SCHLOSS BELLEVUE/07.09.2018

Mit einer Einladung zum Bürgerfest würdigt der Bundespräsident Menschen, die mit ihrem Einsatz unsere Zivilgesellschaft lebendig halten und stärken.

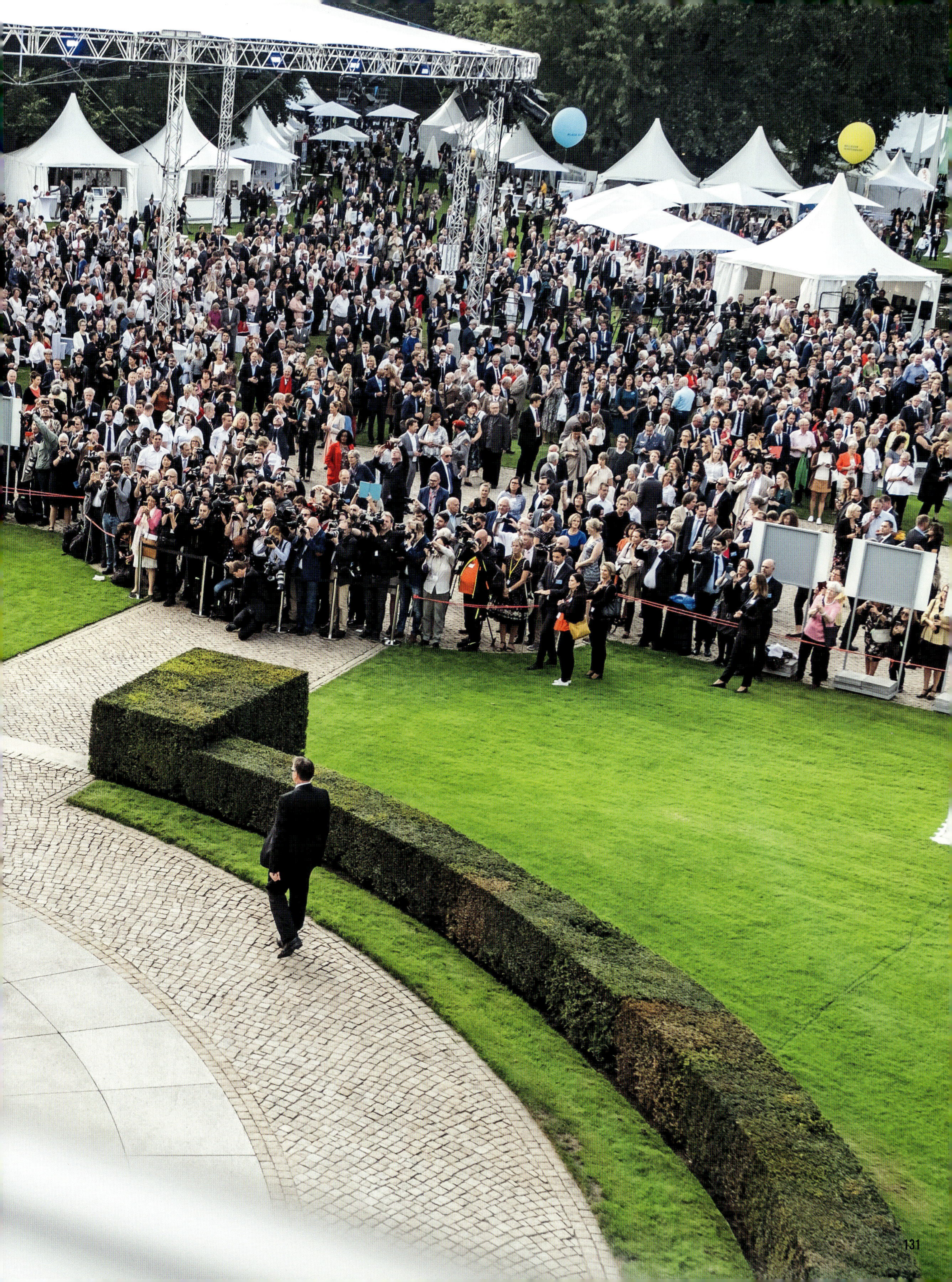

FINNLAND/17.–19.09.2018

Sehr nordisch gibt sich das Wetter, als Frank-Walter Steinmeier und Elke Büdenbender im Hafen von Helsinki den Eisbrecher „Polaris" besichtigen.

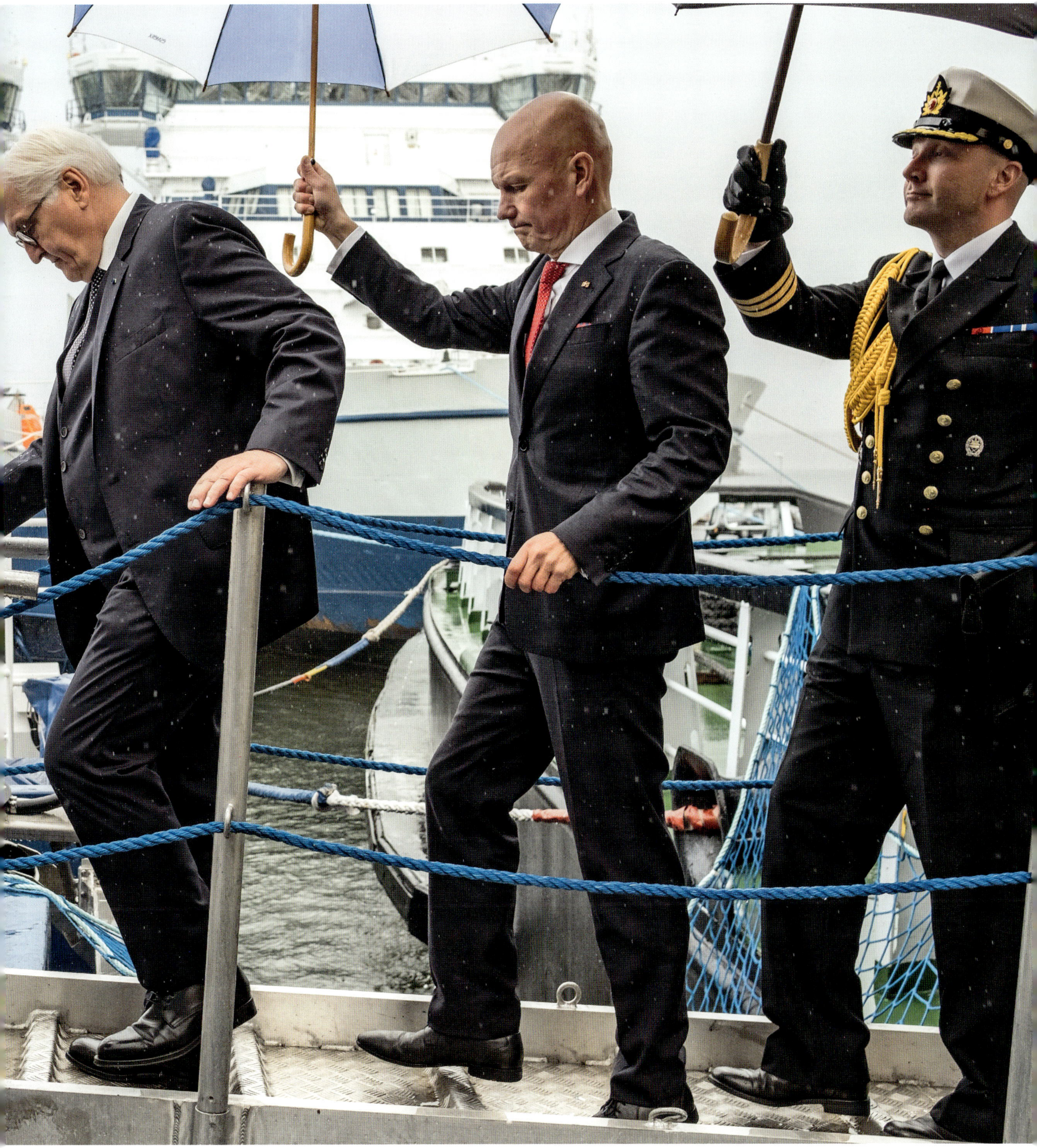

FINNLAND/17.–19.09.2018

Beim Defilee vor dem Staatsbankett im Palais von Staatspräsident Sauli Niinistö wird Frack getragen. Zudem werden Orden präsentiert, was selbst bei Staatsempfängen nicht mehr allzu häufig vorkommt.

Der Name ist Programm: Mieskuoro Huutajat (Die Schreier) ist ein finnischer Männerchor, dessen Mitglieder nicht im klassischen Sinne singen, sondern rufen, schreien und brüllen. 1987 in der nordfinnischen Industriestadt Oulu von etwa 20 Männern, die „offensichtlich nichts Besseres zu tun hatten", gegründet, hat es der Chor bis heute zu internationaler Berühmtheit und Auftritten in aller Welt gebracht.

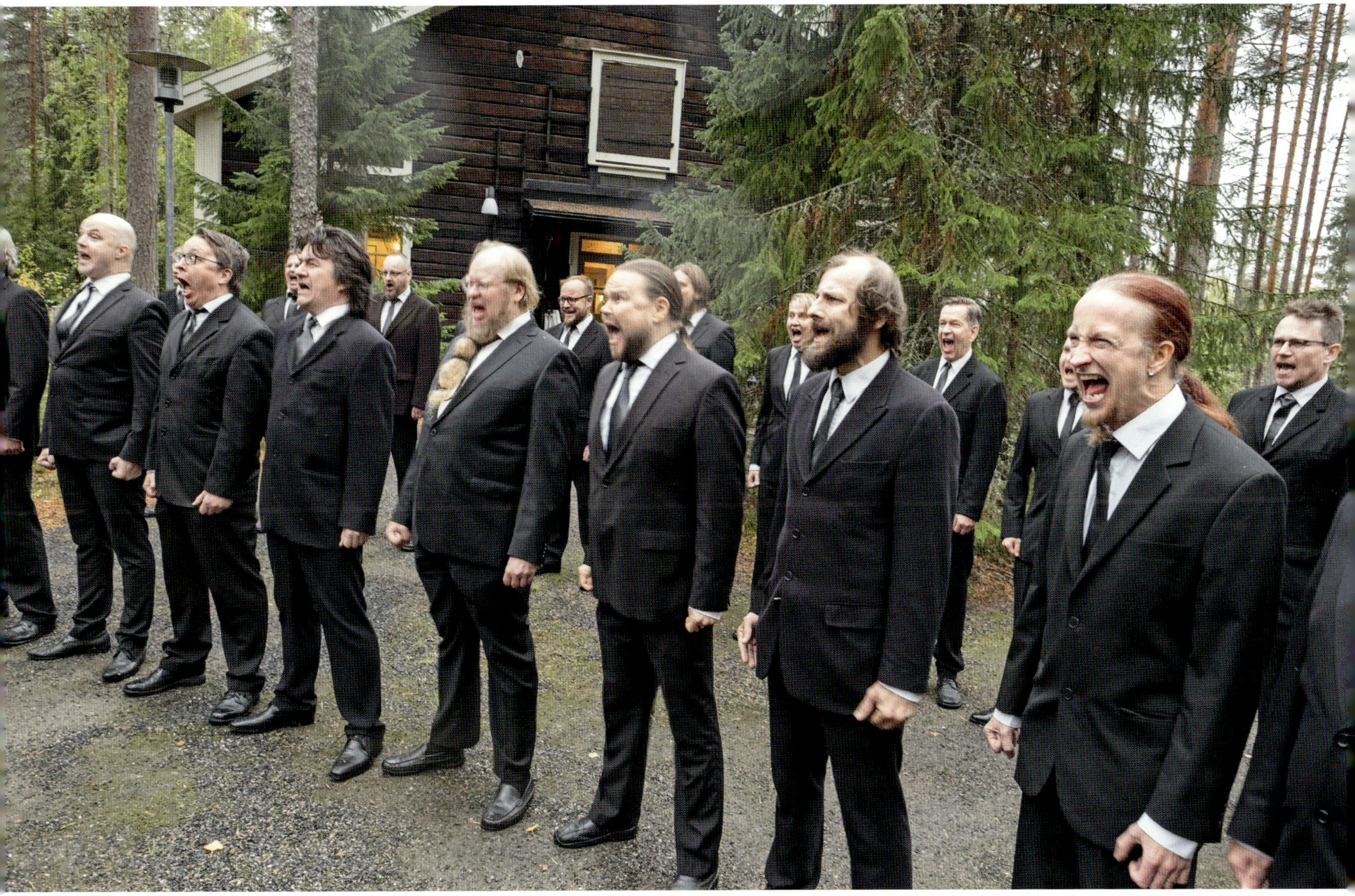

SCHLOSS BELLEVUE/28.09.2018

Am Abend des Besuchs des türkischen Präsidenten Recep Tayyip Erdoğan findet wie üblich ein Staatsbankett statt. Bevor die Gäste zum Defilee eingelassen werden, meint der Gast, den Gastgeber zurechtrücken zu müssen.

137

In einem Lager für palästinensische
Flüchtlinge in Beirut tanzt
Elke Büdenbender mit den Kindern.
Auch hier fliegen ihr die Herzen zu.

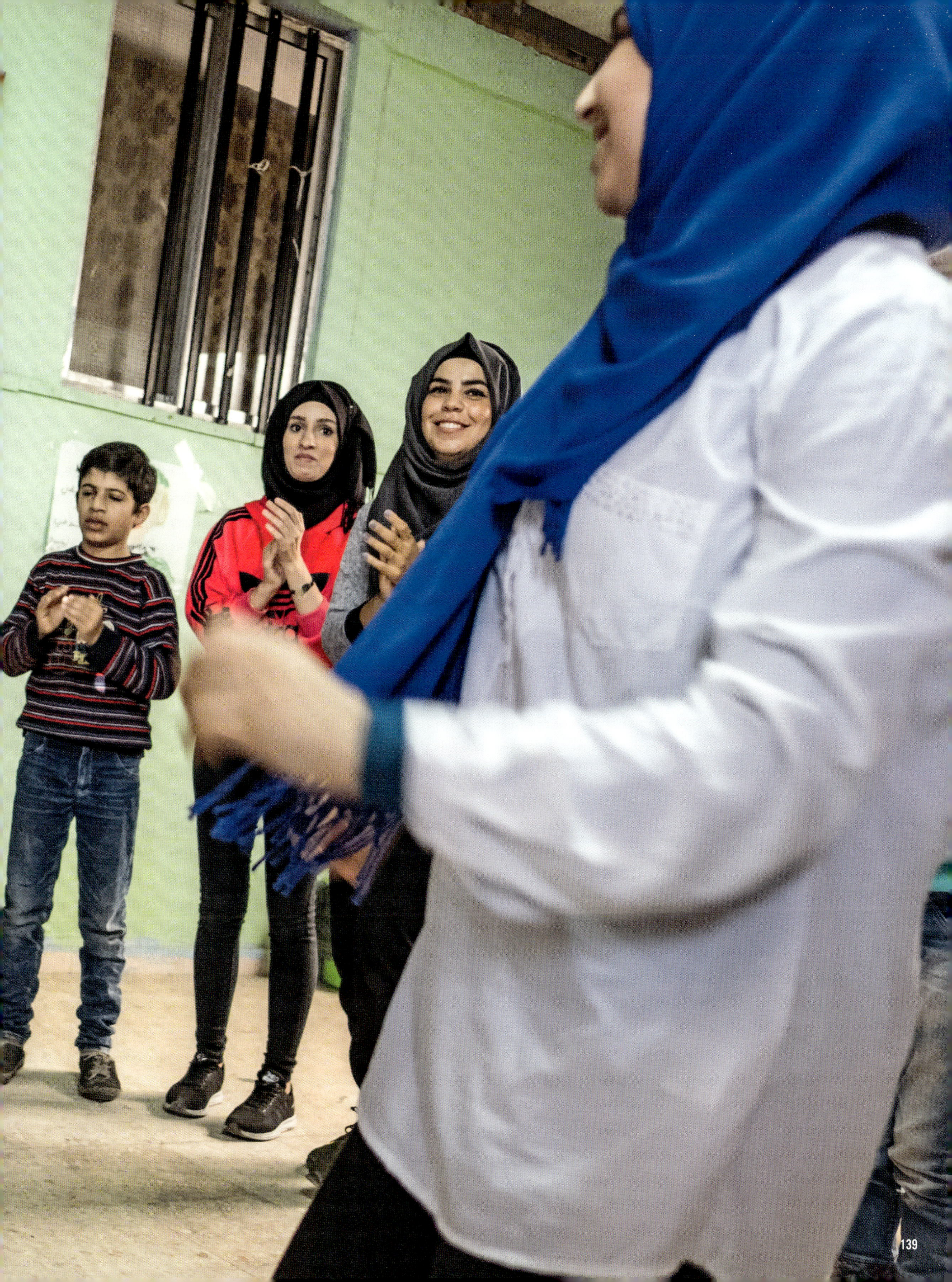

Wie jede First Lady vor ihr ist auch Elke Büdenbender Schirmherrin von UNICEF Deutschland. In dieser Funktion reist sie im Oktober 2018 in den Libanon und besucht dort verschiedene Flüchtlingslager, die vom Kinderhilfswerk der Vereinten Nationen betreut werden.

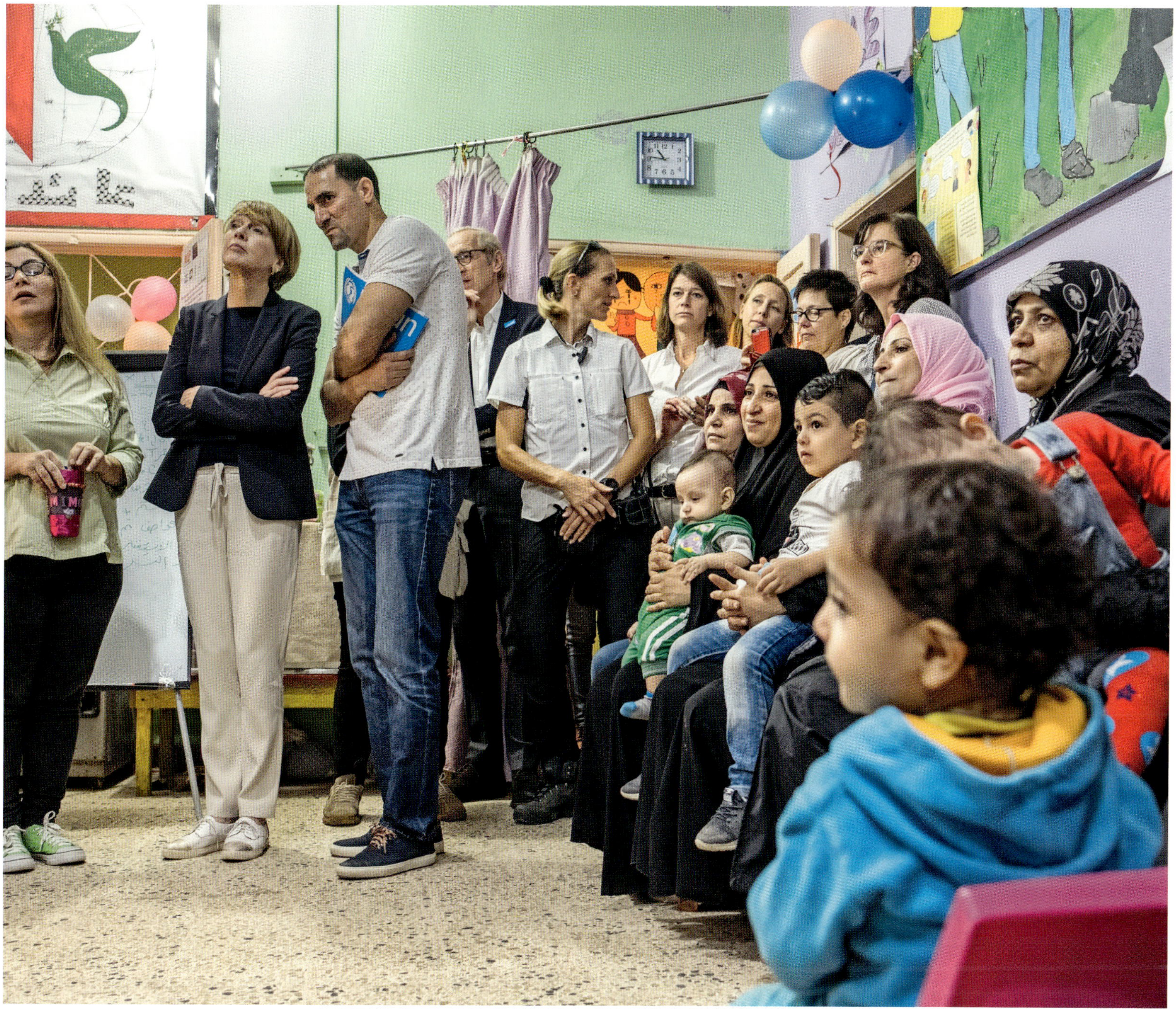

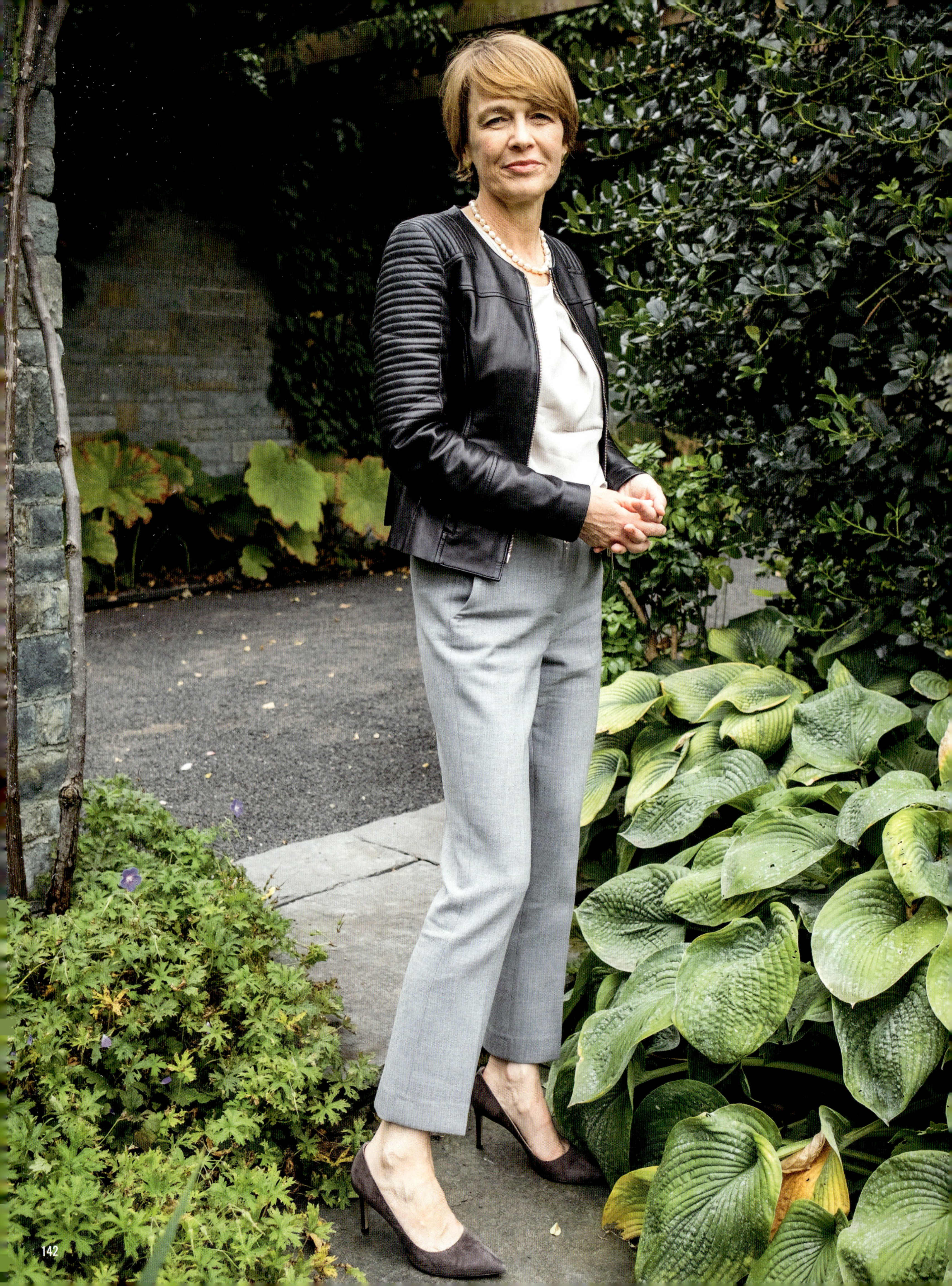

PORTRÄT ELKE BÜDENBENDER

MENSCH, BÜDEN-BENDER!

IMMER AUF AUGENHÖHE UND GENUIN NEUGIERIG: WIE EINE RICHTERIN ALS ERSTE FRAU IM STAAT DAFÜR SORGT, DASS SICH DIE BÜRGER WIRKLICH GESEHEN FÜHLEN

von Julia Schaaf

Das Grundgesetz hat Geburtstag, Deutschland feiert sich selbst: Vom Polizisten bis zum Kosovo-Veteranen, von der Ordensschwester über den Bürgerkriegsflüchtling, den YouTuber, den Psychotherapeuten und den Schlachtermeister bis zur jungen Mutter haben sich Bürgerinnen und Bürger aus allen Teilen des Landes auf Einladung des Bundespräsidenten im Schlosspark Bellevue versammelt, um über die Frage zu diskutieren, die Frank-Walter Steinmeier gleich in seiner Begrüßungsrede stellen wird: „Was ist los in unserem Land?" Die Kaffeetafel ist festlich gedeckt. 22 Tische auf perfekt getrimmtem Rasen, Obsttörtchen, Baklava und frische Beeren auf weißem Tuch. Der goldene Rand des Meißner Porzellans glänzt in der Nachmittagssonne.

Jetzt treten die Gesprächspartner aus der Flügeltür des Schlosses: Der Bundespräsident. Die Bundeskanzlerin. Der Bundestagspräsident. Der Präsident des Bundesverfassungsgerichts. Der Präsident des Bundesrats. Applaus. Die Vertreter der fünf Verfassungsorgane sind gewissermaßen die Big Five der deutschen Demokratie. Hochkarätiger geht es nicht.

Gleich als Zweites jedoch und nur einen halben Schritt hinter Bundespräsident Frank-Walter Steinmeier ist eine weitere, ganz andere Person aus dem Schloss gekommen. Die grazile Frau trägt Perlenkette und die Haare kurz sowie ein kobaltblaues Etui-Kleid zu sehr hohen Absätzen. Ein wenig queenlike winkt sie in die Menge, ihr Lächeln ist herzlich. Sie ist nicht gewählt. Sie hat kein Amt. Nichts qualifiziert sie, an diesem Geburtstagsfest während der Begrüßung direkt neben Angela Merkel zu stehen und später wie die Vertreter der fünf Verfassungsorgane von Tisch zu Tisch zu wechseln, um mit den Gästen über die Zustände in Deutschland zu diskutieren. Ihre Eintrittskarte zu dieser Riege der wichtigsten Männer und Frauen des Landes steckt gewissermaßen an ihrer Hand: ihr Ehering.

„Es gibt schon so Momente, wo ich denke: Mensch, Büdenbender. Stehst du denn da jetzt wirklich richtig?", wird Elke Büdenbender später über den Verfassungsgeburtstag sagen, um ihr Befremden dann mit einem Lachen wegzuwischen: „Aber gut. Das war jetzt irgendwie protokollarisch so vorgesehen. Also mache ich das auch." Manchmal staunt sie noch, wenn sie morgens in der Dienstvilla aufwacht, zum Arbeiten ins Schloss gefahren wird oder in großer Robe auf einem roten Teppich steht. „Das Staunen ist aber auch", sagt sie, „wenn ich zu Menschen komme und merke, wie sie sich öffnen."

SO SCHLICHT DAS KLINGT. SIE MEINT DAS ERNST.
Seit dem Tag, an dem Frank-Walter Steinmeier Bundespräsident wurde, hat Elke Büdenbender, Jahrgang 1962, die vielleicht kurioseste Rolle, die das politische Deutschland zu bieten hat. Sie schüttelt bei Staatsbesuchen wechselweise dem chinesischen, französischen und ukrainischen Präsidenten die Hand und isst Lunch mit der Queen im Buckingham Palace. Sie trifft Menschenrechtsaktivistinnen in Israel und Indien, verleiht Kita-Preise und erkundigt sich bei brandenburgischen Schülern nach deren Umgang

PORTRÄT ELKE BÜDENBENDER

Die Big Five der deutschen Demokratie, und mit dabei in Blau: Elke Büdenbender.

Traulich im Zwiegespräch mit Kaiserin Michiko in Tokio. Einzig die Dolmetscherin hört zu.

mit Twitter. Dabei wird sie regelmäßig daraufhin beäugt, ob ihre Frisur sitzt (immer) und ob die Fingernägel lackiert sind (fast nie). In anderen Ländern heißt eine solche Frau First Lady. Hierzulande wird Elke Büdenbender meist einfach als Elke Büdenbender vorgestellt.

Niemand schreibt ihr vor, was sie zu tun hätte, trotzdem wird eine Menge von ihr erwartet – und augenscheinlich macht Elke Büdenbender ihre Sache gut. Das jedenfalls sagen Gäste der Kaffeetafel im Schloss, nachdem sie mit ihr über Ehrenämter und Schulpolitik, über den stressigen Alltag berufstätiger Mütter und Väter und das Zusammenleben in Syrien nach dem Bürgerkrieg gesprochen haben: „Ich fand sie sehr authentisch, frei von der Leber weg." – „Sich persönlich so zu offenbaren, hat mich sehr beeindruckt." – „Sie gibt dem Ganzen eine gewisse Bodenständigkeit." – „Sie hört sehr gut zu und stellt gute Fragen." – „Ich habe nicht den Eindruck, dass sie nur Begleiterin ist. Sie steht für das, was sie macht."

Weit über das geplante Ende der Feier hinaus posieren Elke Büdenbender und Frank-Walter Steinmeier für Selfies. Er, der Bundespräsident, wirkt so ein bisschen wie ein Kraftzentrum, das immerzu eine Traube von Menschen anzieht. Sie, seine Frau, rankt sich um ihn herum, schüttelt Hände, tätschelt Schultern, legt hier einen Arm um jemanden, arrangiert da die Bildkomposition. Beide strahlen. Wenn sie sich bei ihm unterhakt, sieht das sehr vertraut und innig aus.

Ein Zimmer im Südflügel des Schlosses, die Fenster gehen auf den Präsidentengarten genannten Teil des Parks Richtung Siegessäule hinaus. Die Couch-Möbel aus weißem Leder, die hier im Frühsommer 2017 standen, hat Elke Büdenbender gegen eine kantigere Garnitur mit steingrauem Stoffbezug ausgetauscht. Die expressionistische Kunst hat sie abhängen lassen, stattdessen blickt man auf ein paar Werke ihrer erwachsenen Tochter Merit: ein Selbstporträt in Öl sowie Schwarzweißfotos vom Potsdamer Platz, von der Alhambra, von einer S-Bahn-Station in Leipzig. Hinter dem Schreibtisch sind die Bücherregale verschwunden und die Wände noch nackt, ein paar Bilderrahmen lehnen auf dem Fußboden. „Da muss ich mir noch was überlegen", sagt Büdenbender. „Wahrscheinlich bin ich fertig, wenn wir hier ausziehen." Ihr Lachen hat sich durch die Zeit im Schloss nicht verändert. Es ist immer noch ungestüm und laut.

Spätestens seit mit Christian Wulff eine junge Frau und kleine Kinder ins Schloss einzogen, ist die Person der First Lady zu einer Art Gradmesser für die Modernität der Bundesrepublik geworden. Dabei geht es weniger darum, was die erste Frau im Staate tut, als um das Familien- und Rollenbild, das sie verkörpert. Wer an der Spitze des Landes steht, wird zum Symbol und auf seine Tauglichkeit zum role model geprüft. Die Patchworkfamilie Wulff galt vielen als zeitgemäß. Die unverheiratete Lebensgefährtin an der Seite von Joachim Gauck schien ebenfalls die Verhältnisse im 21. Jahrhundert zu spiegeln.

Verglichen damit ist die Ehe Steinmeier/Büdenbender ein fast spießiges, auf jeden Fall konventionelles Beziehungsmodell. Kennengelernt hat das Paar sich an der Universität, Jura, die junge Studentin und der Assistent.

„MEIN MANN HAT DAS AMT, UND ICH HABE EINE ROLLE."

ELKE BÜDENBENDER

Man hat gemeinsam in einer Wohngemeinschaft gelebt und vor mehr als zwanzig Jahren geheiratet. Während er in der Politik Karriere machte, wurde sie Verwaltungsrichterin. Während er als Außenminister um die Welt jettete, zog sie die gemeinsame Tochter groß. Irgendwann wechselte sie von einer Halbtagsstelle zurück in Vollzeit. Nie hat sie einen Zweifel daran gelassen, wie sehr sie ihren Beruf liebt. Nun hat sie sich für die Amtszeit ihres Mannes beurlauben lassen.

Geht das noch an, dass eine emanzipierte Frau für die Laufbahn des Gatten ihre Arbeit aufgibt und sich auf einmal über den eigenen Mann definieren lassen muss? Kann man ein Leben an der Seite des Bundespräsidenten überhaupt mit einem modernen Frauenbild vereinbaren? Und warum ist eine hochqualifizierte Frau 24/7 im Einsatz – und wird nicht dafür bezahlt?

Seit mehr als zwei Jahren nun beantwortet Elke Büdenbender diese Fragen in einer Art und Weise, die deutlich machen, dass hier eine selbstbewusste, starke Frau eine selbstbewusste, freie Entscheidung getroffen hat. Mögliche Interessenskonflikte, wenn sie als Präsidentengattin über strittige Asylrechtsfälle hätte urteilen müssen, führt sie eher selten ins Feld. Es habe sie kurz nach ihrem 25-jährigen Dienstjubiläum gereizt, etwas völlig Neues zu machen, jedenfalls auf Zeit, sagt sie. Und dass das Gehalt des Bundespräsidenten auch für zwei Menschen reiche und sie gewusst habe, worauf sie sich einlasse. Sie spricht von einer Partnerschaft auf Augenhöhe und markiert doch sehr genau, wann sie sich zurückzunehmen hat: „Meine Grenzen sind dort, wo ich den Eindruck erwecken würde, ich würde Einfluss auf die Amtsführung nehmen. Das ist sein Amt; ich habe das Mandat nicht. So. Fertig. Aus."

KLEINE ZWISCHENBILANZ ZUR HALBZEIT: WORIN, FRAU BÜDENBENDER, BESTEHT NUN DER JOB DER DEUTSCHEN FIRST LADY?

„Ich denke, dass ich das Augenmerk auf gesellschaftliche Umstände richten kann, die mir wichtig sind. Und das, glaube ich, gelingt auch ganz erfolgreich."

Es hat sich eingebürgert, dass Bundespräsidentenfrauen – einen Bundespräsidentinnenmann hat es in 70 Jahren Verfassungsgeschichte nicht gegeben – die Schirmherrschaften für das Kinderhilfswerk der Vereinten Nationen, für das Müttergenesungswerk sowie für die Deutsche Kinder- und Jugendstiftung übernehmen. Darüber hinaus entscheiden sie selbst, welche Schwerpunkte sie in ihrem Engagement setzen. Bei Elke Büdenbender ist es das Thema berufliche Bildung geworden, außerdem Chancengleichheit auch für Kinder, „die weniger behütet und geliebt aufwachsen", wie sie es ausdrückt.

Für sie selbst, das Mädchen vom Lande, war eine Laufbahn als Richterin alles andere als naheliegend. Auch wenn die Lehrer auf der Hauptschule früh begriffen, dass hier jemand woanders besser aufgehoben wäre: Nach der Grundschule war von den 42 Kindern in ihrer Klasse ein einziges aufs Gymnasium und gerade mal eine gute Handvoll zur Realschule geschickt

PORTRÄT ELKE BÜDENBENDER

„ICH WILL ERREICHEN, DASS MENSCHEN IN BILDUNGSFRAGEN OFFENER WERDEN."

ELKE BÜDENBENDER

worden. Büdenbenders Vater war Tischler, später Stahlbauschlosser, die Mutter hatte Hauswirtschafterin gelernt. Die älteste Tochter machte eine Ausbildung zur Industriekauffrau, bevor sie über ihre Gewerkschaftskontakte von einem Kolleg erfuhr und so als Erste in ihrer Familie zu einem Studium kam. Nichts gegen Akademiker – aber Büdenbender betrachtet unterschiedliche Ausbildungswege als gleichwertig: „Ich will erreichen, dass Menschen offener werden in Bildungsfragen", sagt sie.

Im Frühsommer 2018 hat sie deshalb mit ihrem Mann eine Woche der beruflichen Bildung ausgerufen. Die Rede zum Auftakt des Veranstaltungsreigens hielt sie, der Bundespräsident saß in der ersten Reihe und hörte zu. Eine gemeinsame Schirmherrschaft: So etwas hatte es vorher auch noch nie gegeben. Als ein Jahr später bei einem Fest in Bellevue Bilanz gezogen wird, steht Steinmeier am Rednerpult und sagt mit größter Selbstverständlichkeit immerzu: „meine Frau und ich". Anschließend nimmt sie an einer Diskussionsrunde auf dem Podium teil. Dass sie als Einzige keine Fachfrau ist, fällt überhaupt nicht auf.

VERMISSEN SIE IHREN BERUF?
„Klar. Wäre ja auch furchtbar, wenn ich feststellte nach 20 Jahren, das hier mache ich viel lieber." Wenn Elke Büdenbender von ihrer Arbeit bei Gericht erzählt, redet sie sich in Fahrt. Dann geht es um harte Entscheidungen, um Studenten etwa, die sich ein neues Lebensziel ausdenken müssen, weil sie, die Richterin, der Universität recht gibt: Wer zum dritten Mal an einer Prüfung gescheitert ist, muss den Studiengang tatsächlich aufgeben. Oder um Namensrecht und zerstrittene Mütter und Väter, die beide wollen, dass das gemeinsame Kind um jeden Preis so heißt wie sie. „Ich muss mich auch daran gewöhnen, dass ich nicht mehr mit Urteilen unmittelbar wirke", sagt Büdenbender. Trotzdem liest sie weiterhin juristische Fachzeitschriften und trifft sich regelmäßig mit den alten Kollegen. „Richterdenken", sagt sie, sei ein Handwerk. Das müsse man üben.

Was sie damit meint und warum „Richterdenken" offenbar eine ganz famose Qualifikation für das erste Ehrenamt im Staate ist, lässt sich jedes Mal beobachten, wenn Elke Büdenbender mit Menschen redet, ganz gleich ob das in einer Berufsschule in Cottbus, im Bundeswehrlager in Afghanistan oder in einem Krankenhaus für HIV-positive Mütter und Kinder in Botsuana passiert. Als Verwaltungsrichterin war es ihre Aufgabe, Sachverhalte zu ermitteln, um dann mit Blick auf die rechtliche Norm die juristisch relevanten Knackpunkte zu erkennen. Auch als First Lady stellt sie Fragen über Fragen, ohne dabei je den Blick fürs Wesentliche zu verlieren. Von der Erzieherin über die Stiftungschefin bis hin zur ausländischen Ministerin sind ihre Gesprächspartner regelmäßig erstaunt über so viel aufrichtiges, punktgenaues Interesse. Auch Steinmeier fragt, auch Steinmeier wirkt nahbar. Manchmal aber überlässt er die Bühne einfach der Neugier seiner Frau. Gewährt er ihr Raum? Kompensiert sie seine Schwäche? Oder ergänzt sich dieses First Couple einfach ganz vorzüglich?

Matinee zu „100 Jahre Frauen-
wahlrecht in Deutschland".
Sie steht am Pult, und er hört zu.

PORTRÄT ELKE BÜDENBENDER

Der Schauspieler Harald Krassnitzer und seine Frau, die Schauspielerin Ann-Kathrin Kramer, sind zu Gast in den Privaträumen der Dienstvilla des Bundespräsidenten in Berlin Dahlem.

Beobachter im politischen Berlin sind uneinig. Aber wenn es zum Amt des Bundespräsidenten gehört, den Scheinwerfer der Aufmerksamkeit zu lenken, trägt Elke Büdenbender dazu bei, dass Menschen sich wirklich gesehen fühlen.

WAS, FRAU BÜDENBENDER, EMPFINDEN SIE SELBST ALS HÖHEPUNKT IHRER ERSTEN HALBZEIT IM SCHLOSS?

Sie könnte jetzt von den Galapagosinseln oder den Anden schwärmen, von einer Vulkanbesteigung oder einem Moment auf einem Balkon am Trafalgar Square in London mit Meghan Markle. Stattdessen erinnert sie sich daran, wie ihr Besuch dazu beigetragen hat, dass für eine kleine Beratungsstelle gegen sexuellen Missbrauch im nordrhein-westfälischen Kreuztal endlich eine zuverlässige Finanzierung zustande kam. „Das fand ich großartig", sagt Elke Büdenbender vergnügt, „da habe ich mal richtig was bewirkt."

Schon in ihren ersten Interviews in ihrer neuen Rolle hat sie angekündigt, dass sie keine Zeit verschwenden und einen guten Job machen wolle. Jetzt staunen Mitarbeiter und Beobachter bisweilen über das Pensum dieser zerbrechlich wirkenden Person und über ihre Fähigkeit, selbst am Ende von 15-Stunden-Tagen gute Laune zu haben. Elke Büdenbender führt ihr Pflichtbewusstsein, ihre Disziplin vor allem auf ihr Elternhaus zurück, in dem es der Job der Kinder war, sich in der Schule anzustrengen. Aber sie schließt auch nicht aus, dass ihre Erkrankung eine Rolle spielt.

Mittlerweile seit neun Jahren lebt sie mit einer transplantierten Niere, der Spender: ihr Ehemann, der heutige Bundespräsident. Nach der Geburt der Tochter hatten ihre Nieren zum ersten Mal versagt, über 14 Jahre hinweg kam sie dann dank strenger Diät weitgehend um die Dialyse herum. Aber erst nach der Transplantation wurde ihr bewusst, wie viel Kraft und Lebensqualität sie eingebüßt hatte.

Büdenbender weiß, dass sie Glück hatte, wie gut das mit der Transplantation in ihrem Fall geklappt hat. Sie weiß, dass es durchaus anders laufen kann. Sie macht kein Aufheben darum. Aber wenn man nachfragt, gibt sie freimütig zu, dass sich die Beziehung zu ihrem Mann durch ihre Erkrankung, seine Spende und die wechselseitige Sorge umeinander verändert habe. Im Gespräch mit der „Frankfurter Allgemeinen Sonntagszeitung" hat sie einmal gesagt: „Er ist ein Teil von mir." Fast erschrickt man, wie wörtlich sie das meint.

Bis zur Wahl zum Bundespräsidenten hielt das heutige First Couple sein Privatleben weitgehend unter dem Radar der Öffentlichkeit. Selbst als Steinmeier Kanzlerkandidat war, machte Elke Büdenbender sich rar. Jetzt, in ihrer Rolle im Schloss, verrät sie in Interviews schon mal, dass sie gern die Marsala-Quiche aus der „Brigitte" kocht („Man muss auch wirklich die Auberginen in kleine Stücke schneiden und ordentlich anbraten"), ihre Kleider bei Peek & Cloppenburg kauft („Das mache ich schon selbst, sonst komme ich mir ja verkleidet vor") und ihr an der schönen Dienstvilla („Es ist nicht mein Zuhause, das ist schon so") vor allem die Nähe zum öffentli-

„ICH GLAUBE, WIR LIEBEN UNS WIRKLICH."

ELKE BÜDENBENDER

chen Nahverkehr fehlt. Sie erzählt ein bisschen von ihrer glücklichen Kindheit im Siegerland und dem Duft nach frisch gemähtem Heu. Dass sie von starken Frauenpersönlichkeiten – Mutter, Großmutter und Tante – geprägt worden sei und schon immer einen eigenen Willen gehabt habe.

WIE IST DAS, FRAU BÜDENBENDER, WENN MAN SO EINE ÖFFENTLICHE EHE FÜHREN MUSS? STREITEN SIE NIE?
Im ersten Moment lacht sie diese Frage weg. Dann sagt sie, dass sie berufsbedingt viele Jahre lang natürlich beide weitgehend ihr jeweils eigenes Leben gehabt hätten. Dann sagt sie: „Wir mussten uns wirklich neu sortieren. Und natürlich streiten wir uns wie jedes andere Paar auch. Aber im Grundsatz sind wir uns immer einig gewesen. Wir haben eine gemeinsame Basis, dass wir als gleichberechtigtes Paar auch diese Zeit miteinander bestreiten. Wir schätzen uns beide sehr als Gesprächspartner. Und ich finde es auch echt toll, wir entdecken uns einfach noch mal neu." Mit großer Wärme spricht sie von dem Humor ihres Mannes, von seiner Klugheit sowie seiner Geduld und Freundlichkeit anderen Menschen gegenüber. Dann sagt sie tatsächlich den schönen Satz: „Ich glaube, wir lieben uns wirklich." Manchmal, wenn sie ihn bei einer Rede anschaut, wenn er ihr auf einem Marktplatz mit der Hand über den Rücken streicht, kann man das sogar sehen.

Ein viel zu heißer Donnerstag im Sommer 2019, Elke Büdenbender eröffnet den zweiten Tag einer Konferenz zum Thema Frauen und Wirtschaft, die von der „Süddeutschen Zeitung" ausgerichtet wird. Sie trägt Brille und eine schwarzweiß gemusterte schmale Hose, und sie sagt Sätze, die sehr deutlich machen, warum diese Frau unbedingt zum role model im 21. Jahrhundert taugt. Es ist eine überraschende, fast kämpferische politische Rede. Sie bezeichnet sich darin als Feministin und sieht im Ringen um faktische Parität auch den Gesetzgeber gefordert. „Ich möchte Sie ermutigen, sich viel und auch mehr zuzutrauen", ruft sie ihrem Publikum zu. Neugierig zu sein, gelte es, mitunter penetrant – und „sich immer darauf zu besinnen, was man kann". Sie setzt noch einen drauf: „Nicht jeder muss Sie mögen. Das braucht es nicht."

An einer Stelle bezeichnet Elke Büdenbender sich beinahe beiläufig als „eine ganz klassische Bildungsaufsteigerin". Sie sagt: „Bildung ist der Schlüssel zu einem guten und selbstbestimmten Leben. Bildung schafft Wissen. Und Wissen macht selbstbewusst." Eigentlich ist das ziemlich simpel. Aber schlagartig wird einem klar: Das ist das Selbstverständnis, mit dem sie im Anschluss an ihre Rede bei einer Podiumsdiskussion, die aus dem Ruder gelaufen ist, zum Mikrofon greifen und die Runde retten wird. Das ist die Haltung, mit der man beim Verfassungsgeburtstag auch neben der Bundeskanzlerin bestehen kann.

Das ist – im Kern, als Prinzip – die Richterin, die Staatsbürgerin, die ganz normale Frau als First Lady. Ihre schönste Botschaft verkörpert Elke Büdenbender selbst.

PORTRÄT ELKE BÜDENBENDER

Immer fröhlich und sehr entspannt. Das First Couple auf dem Flug in ferne Länder.

SÜDAFRIKA/18.–20.11.2018

VON KAPSTADT BIS BRAKEL-SIEK

Cyril Ramaphosa, Präsident der Republik Südafrika, prüft den Regen, bevor er gemeinsam mit seinem Amtskollegen aus Deutschland die militärischen Ehren entgegennimmt.

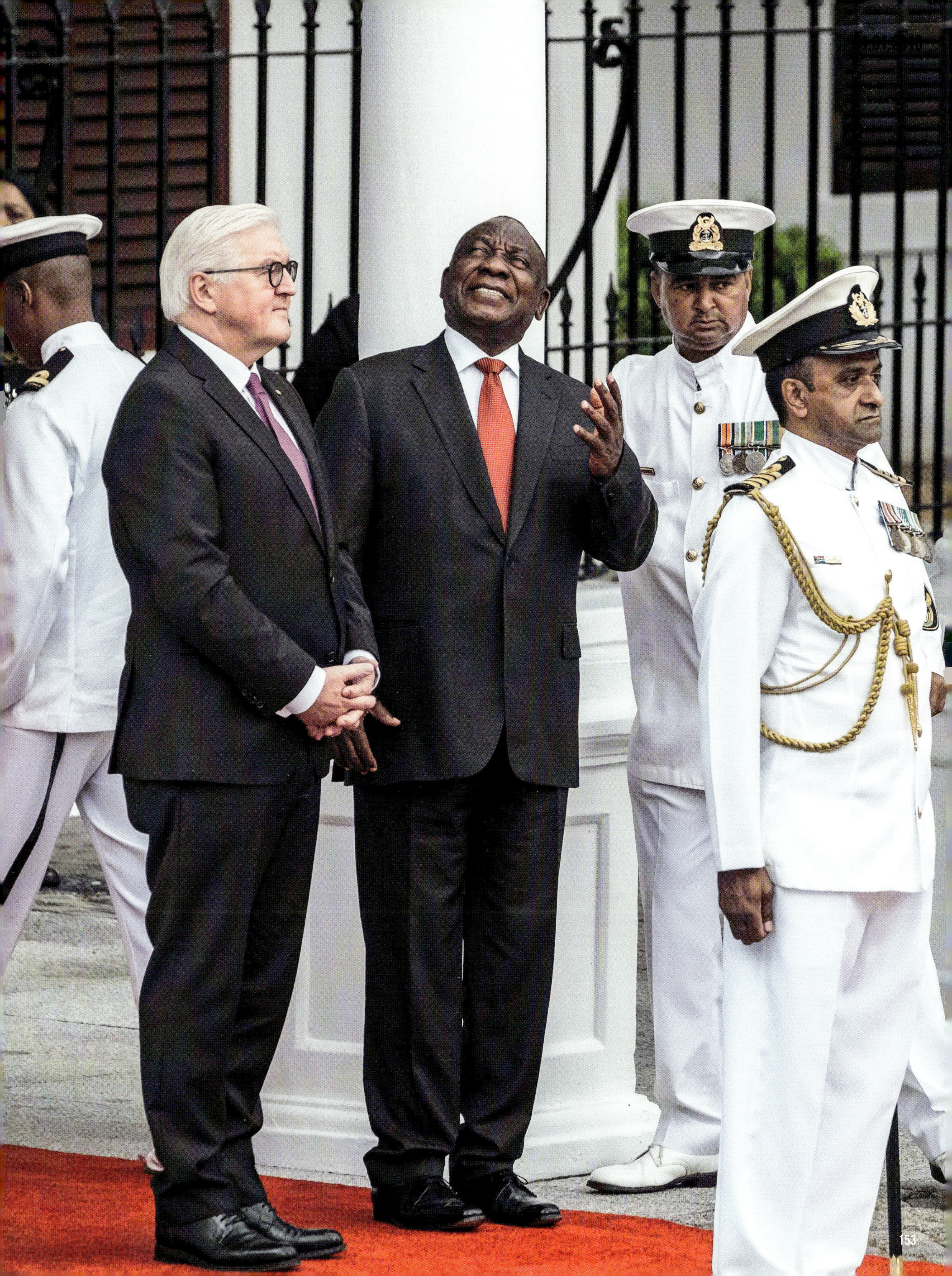

SÜDAFRIKA/18.–20.11.2018

Bei einem Rundgang durch das Zeitz Museum of Contemporary Art (MOCAA) in Kapstadt erklärt die Kuratorin Julia Kabat eine Installation der Künstlerin Mary Sibande. Der Titel der Arbeit: In the Midst of Chaos, There Is Opportunity.

155

BOTSUANA/21.–22.11.2018

Mit traditionellen Tänzen werden der Bundespräsident und seine Delegation am Flughafen von Gaborone begrüßt. Gut beschirmt schauen die Präsidenten Mokgweetsi Masisi und Frank-Walter Steinmeier nebst Ehefrauen zu.

Der Abschied
ist weniger
zeremoniell.
Man winkt
sich zu.

BOTTROP/21.12.2018

Der Bundespräsident hält den letzten Brocken Steinkohle aus dem Bergwerk Prosper Haniel in den Händen, dann singt der Chor der Bergleute das Steigerlied. Mit diesem Akt endet die Steinkohleförderung in Deutschland offiziell. Mit dabei sind Peter Schrimpf, Vorstandsvorsitzender der RAG-Aktiengesellschaft, der Bergmann Jürgen Jakubeit, Jean-Claude Juncker, Präsident der Europäischen Kommission, Bernd Tönjes, Vorstandsvorsitzender der RAG-Stiftung, NRW-Ministerpräsident Armin Laschet, der Vorsitzende der IG BCE Michael Vassiliadis und die Vorsitzende der Arbeitsgemeinschaft der Betriebsräte des RAG-Konzerns Barbara Schlüter (v.l.).

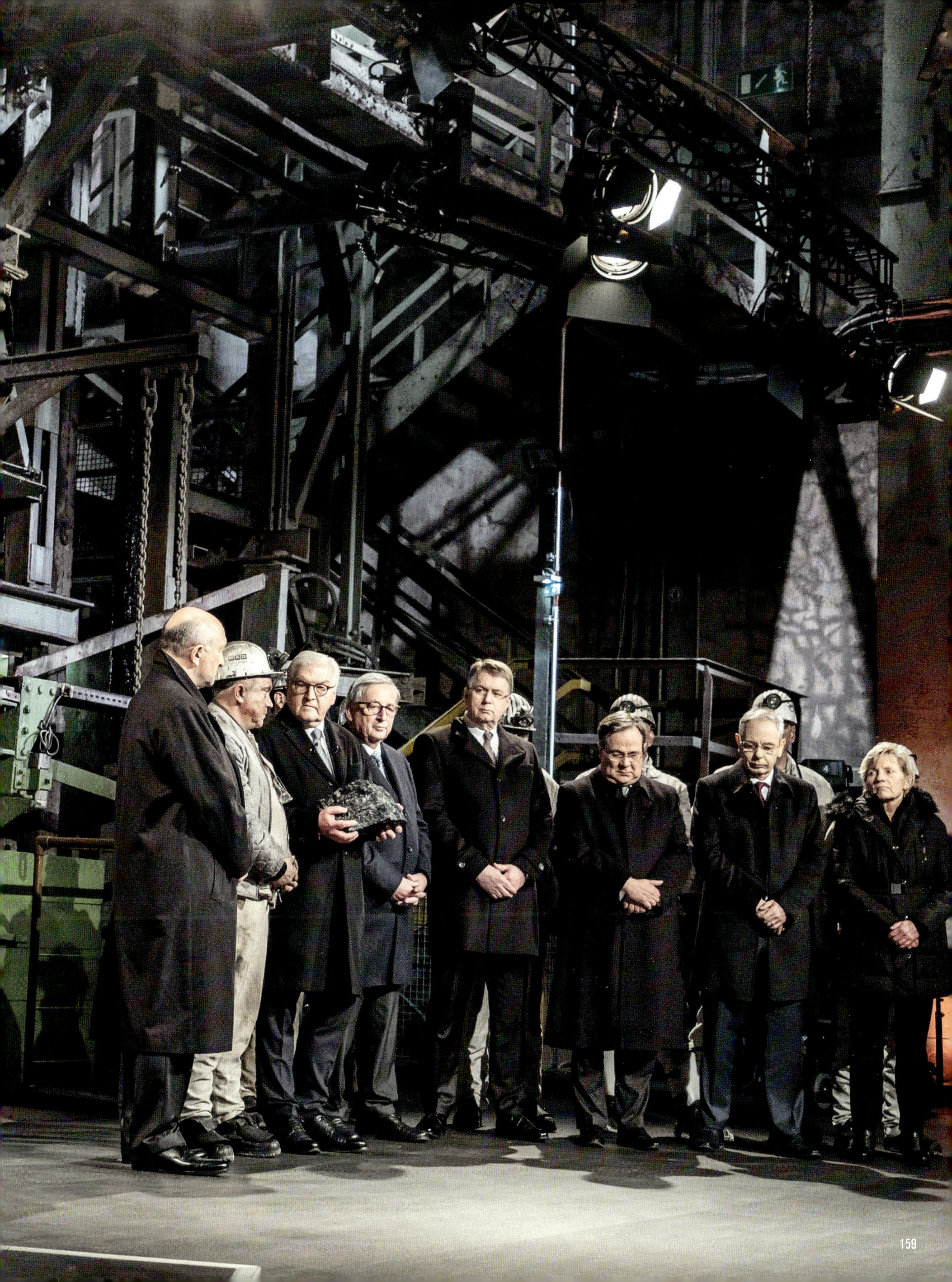

KOLUMBIEN/11.–12.02.2019

Anlass des ersten Besuchs von Bundespräsident Steinmeier auf dem lateinamerikanischen Kontinent ist der 250. Geburtstag von Alexander von Humboldt und dessen Lateinamerikareise vor 220 Jahren. Im Restaurant „Padre" in Bogotá lauschen Steinmeier und Elke Büdenbender einem Referat von Brigitte Baptiste Ballera, der Leiterin des Humboldt-Instituts zur Erforschung biologischer Ressourcen. Ihr Thema: „Möglichkeiten der Biodiversitätsforschung nach dem Friedensvertrag".

161

ECUADOR/13.–16.02.2019

Am Flughafen von Quito werden Frank-Walter Steinmeier und Elke Büdenbender von Gardesoldaten in historischen Uniformen begrüßt. Empfangen wird das Präsidentenpaar von Vizepräsident Otto Ramón Sonnenholzner Sper und seiner Frau.

Die offizielle Begrüßung durch Präsident Lenín Boltaire Moreno Garcés und seine Frau findet im Präsidentenpalast, dem Palacio de Carondelet, statt. Die Kulisse für den Fototermin bildet ein Wandgemälde des ecuadorianischen Malers und Bildhauers Oswaldo Guayasamín von 1957.

GALAPAGOS/14.02.2019

„DIE UMWELT ENDET NICHT AN LANDES- GRENZEN."

FRANK-WALTER STEINMEIER

„Im Humboldt-Jahr 2018 reiste Steinmeier auf den Spuren des Gelehrten nach Kolumbien, nach Ecuador und auf die Galapagos-Inseln. Alexander von Humboldt verstand die Erde als ein Netz aus unendlich vielen Abhängigkeiten, in dem man keinen Faden berühren kann, ohne all die anderen in Schwingungen zu versetzen. Die Galapagos-Inseln, die zu Ecuador gehören, sind das Paradebeispiel für diesen Gedanken. Humboldt war zwar nie dort, aber immerhin Charles Darwin. Und der hatte Humboldts Bücher im Gepäck. Das musste als Bezug reichen für einen Ausflug des Bundespräsidenten."

165

GALAPAGOS/14.02.2019

Ein kräftiger Regenschauer überrascht die Reisegruppe „Bundespräsident", als sie gerade zu den Kratern Los Gemelos auf der Insel Santa Cruz wandert. Aber es gibt ja kein schlechtes Wetter, nur unpassende Kleidung.

Ein paar Schritte am Strand von Seymour Norte. Fast ein bisschen wie Urlaub.

GALAPAGOS/14.02.2019

Faszinierende Tierwelt: Unbeeindruckt von Spaziergängern, liegen die Meerechsen überall am Wegesrand herum. Wer hier unterwegs ist, muss aufpassen, dass er nicht auf eins der Tiere tritt.

HAMBURG/22.02.2019

Das Matthiae-Mahl ist seit 1356 historisch belegt und damit das älteste noch begangene Festmahl der Welt. Ehrengäste des Hamburger Ersten Bürgermeisters sind in diesem Jahr Bundespräsident Frank-Walter Steinmeier und Raimonds Vējonis, der Präsident der Republik Lettland.

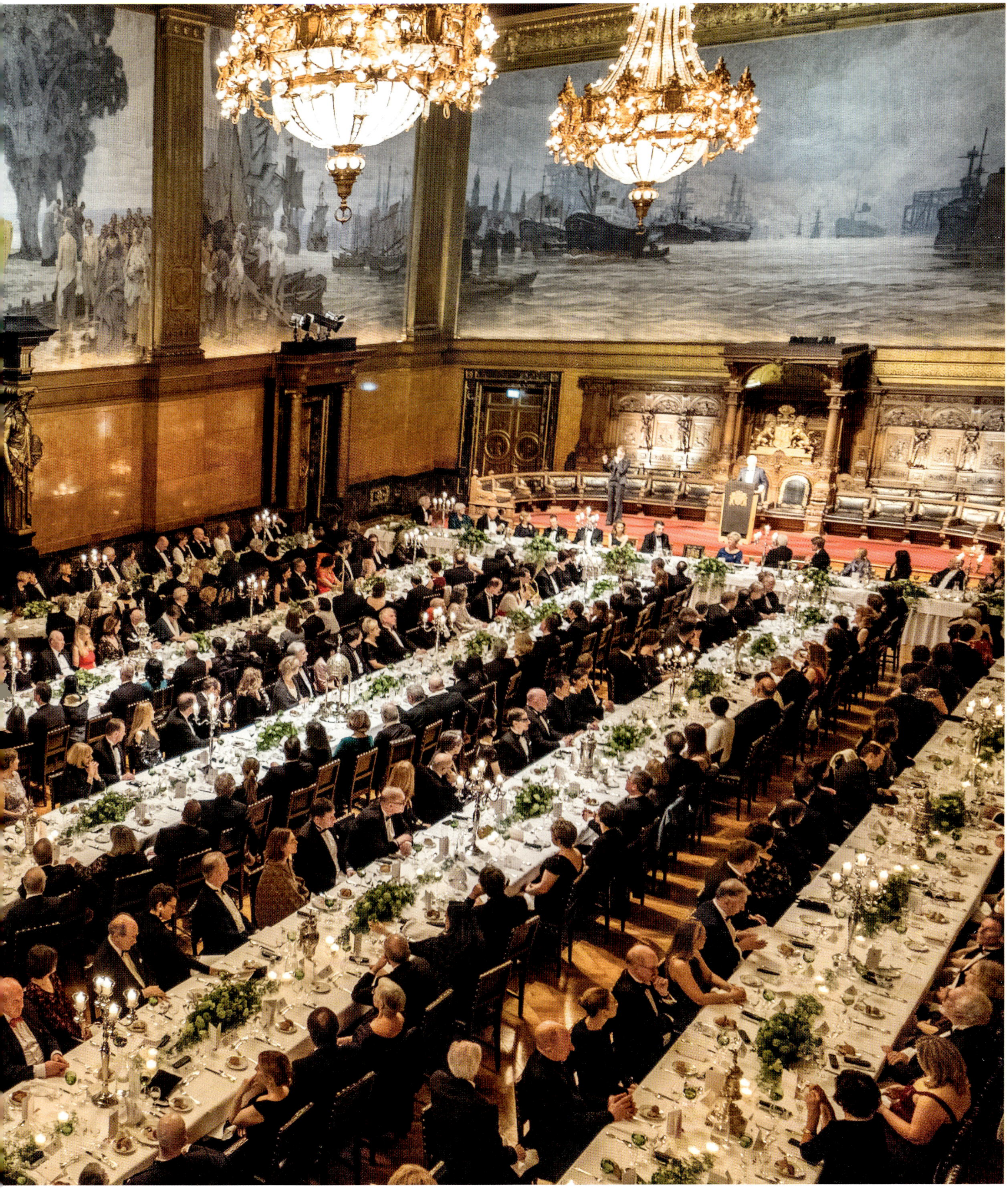

BERLIN/06.03.2019

Bei Friseurmeisterin Ramona Agaciak hält Frank-Walter Steinmeier gerne den Kopf hin. Ihr vertraut er schon seit fünf Jahren, da war er noch gar nicht Bundespräsident.

173

NEUMÜNSTER/08.03.2019

Unter dem Motto „Demokratie ganz nah – Ideen für ein gelebtes Grundgesetz" reist Frank-Walter Steinmeier im Frühjahr 2019 durch die Republik. Vor dem Rathaus von Neumünster stellt er sich einer kurzen Diskussion mit jungen „Fridays for Future"-Demonstranten.

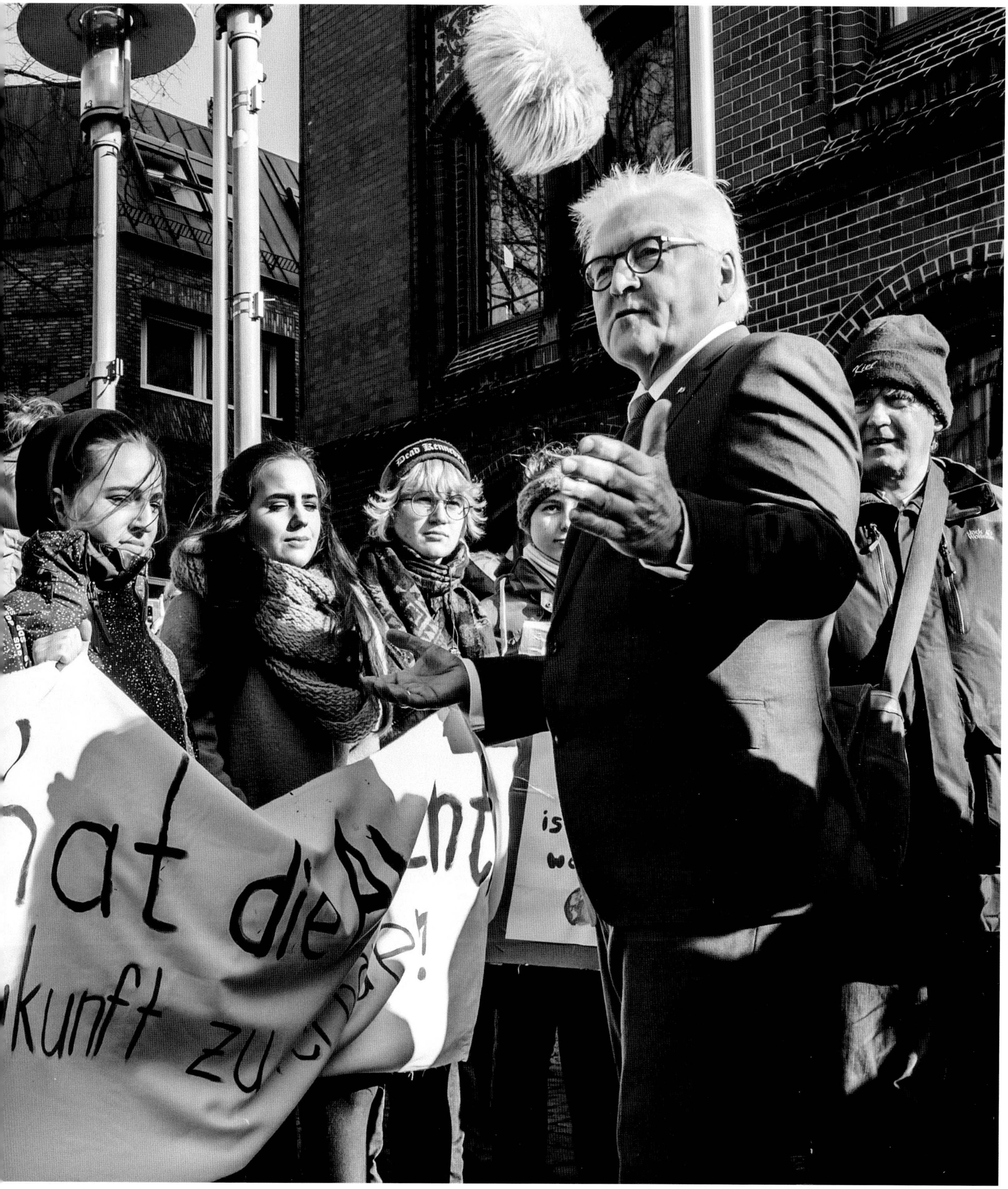

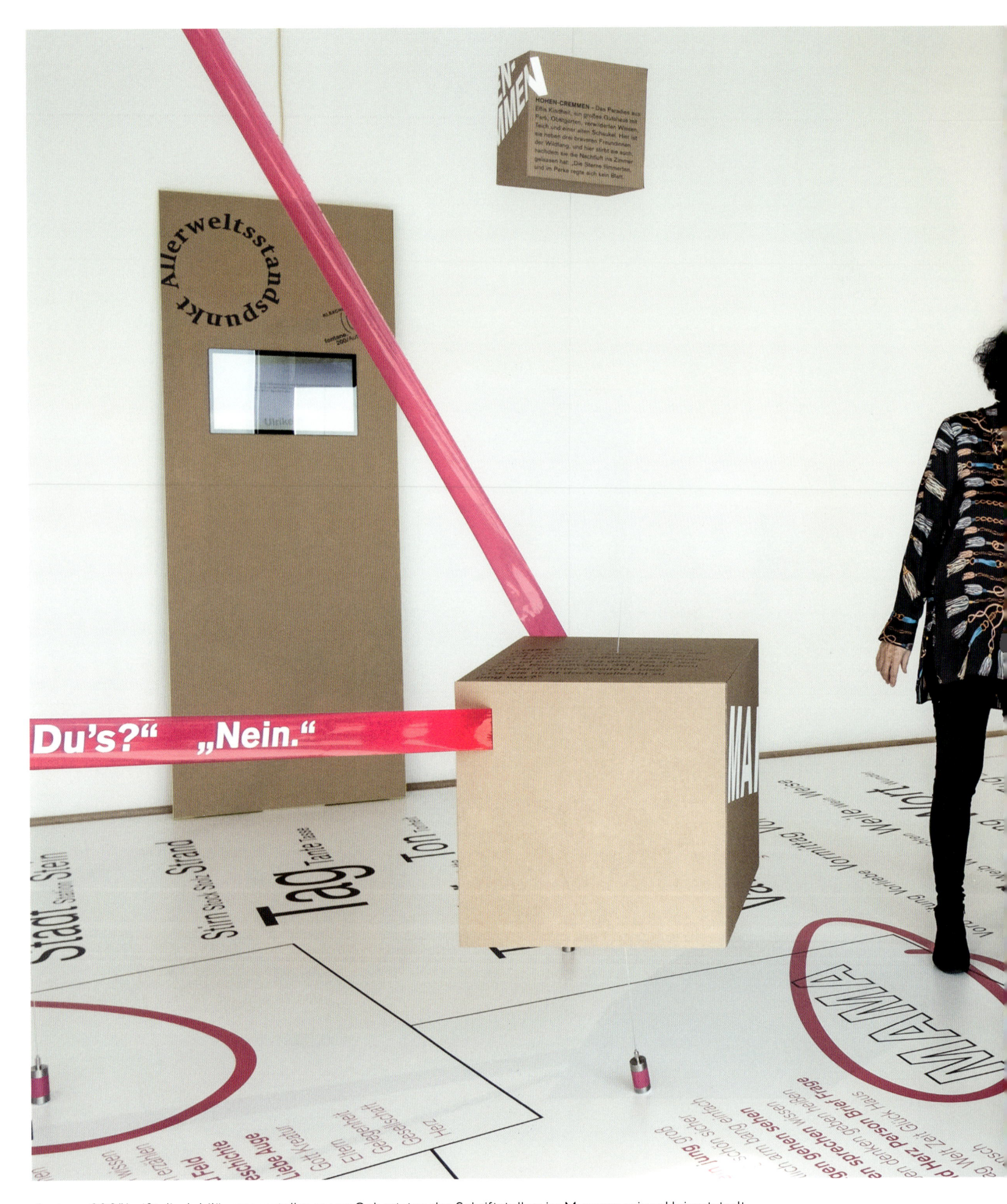

„fontane.200" heißt die Jubiläumsausstellung zum Geburtstag des Schriftstellers im Museum seiner Heimatstadt, wo die Besucher mitten hinein in Theodor Fontanes Schreib- und Textwelten gestellt werden.

das, um was es in diesen Romanen
nicht zur Sprache kommt. Die Figuren scheinen ein
zu haben, das sich nicht ganz fassen lässt. Sie bauen sich
ihre eigene kleine wunderbare oder auch unheimliche
Wirklichkeit, indem sie banale Dinge als eine Form von
Sprache lesen: als Zeichen, Vorahnung und Spur.
Wieso es sich lohnt, heute noch F.s Romane zu lesen?
Weil sie uns zeigen, wie sehr sich jede und jed
von uns mit der Sprache
Fontanes

STUTTGART/11.04.2019

Bundespräsident Steinmeier und Elke Büdenbender nehmen an der Eröffnung der Ausstellung „Die jungen Jahre der Alten Meister" in der Staatsgalerie Stuttgart teil, die frühe Arbeiten von Georg Baselitz, Gerhard Richter, Sigmar Polke und Anselm Kiefer zeigt. Anselm Kiefer führt Frank-Walter Steinmeier und Elke Büdenbender persönlich durch seine Bilderwelten.

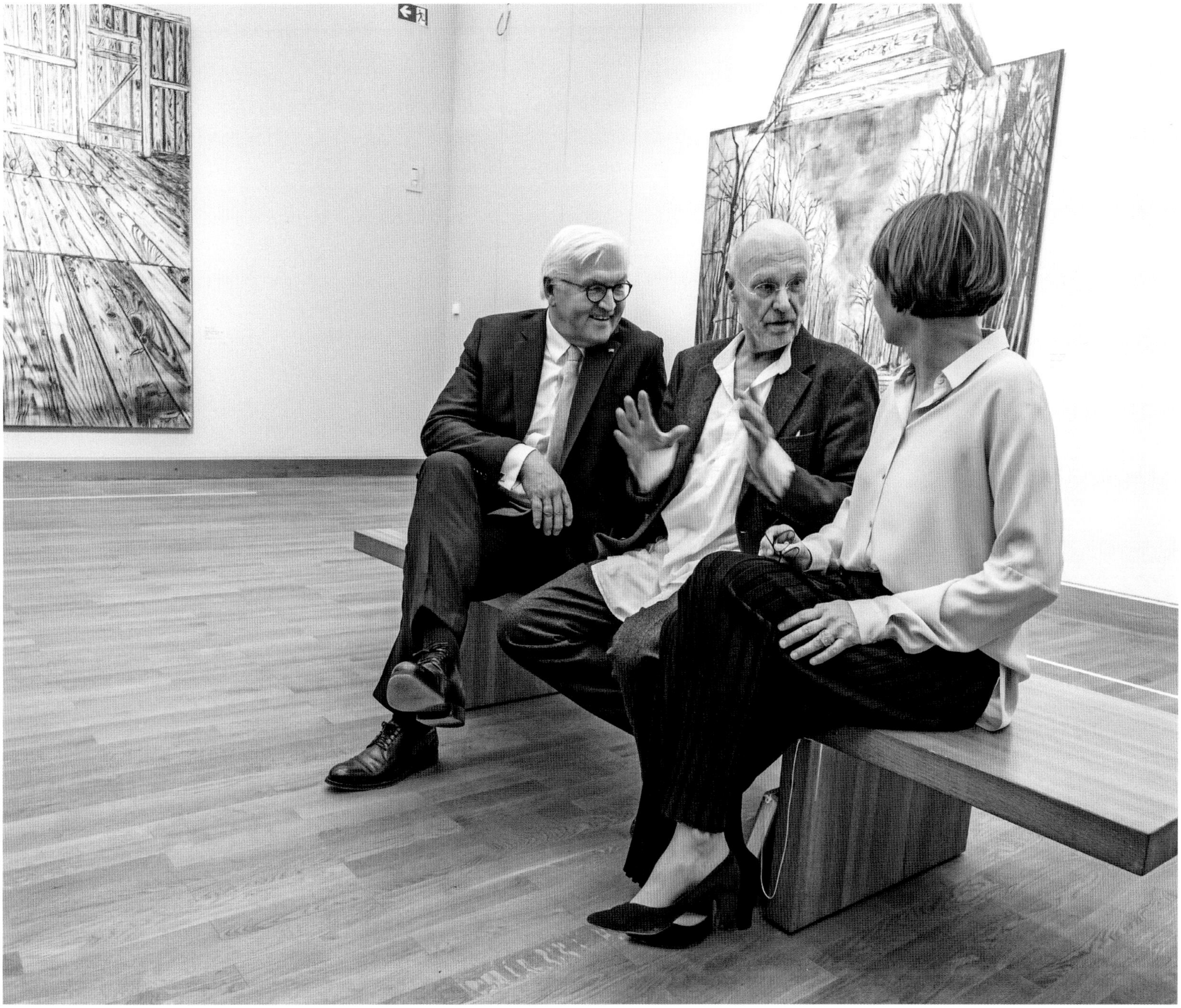

SCHLOSS BELLEVUE/07.05.2019

Charles Philip Arthur George, Prince of Wales, und seine Frau Camilla beehren das deutsche Staatsoberhaupt mit einem kurzen Besuch.

Nach einem Rundgang durch den Schlosspark werden Tee und Gebäck im Amtszimmer gereicht. Dem Prinzen wäre es an der frischen Luft lieber gewesen.

BONN/14.05.2019

Das Präsidentenehepaar ist in der Villa Hammerschmidt eingetroffen, dem Bonner Amtssitz. Hier verbringen sie mehrmals im Jahr ein paar Tage und nehmen Termine in der Umgebung war. Es ist Spargelzeit. Jan-Göran Barth, der Chefkoch von Schloss Bellevue, hat ein Abendessen vorbereitet, Fidelis Weißhaar serviert.

23.05.2019/SCHLOSS BELLEVUE

Deutschland feiert den 70. Jahrestag des Grundgesetzes, und die Bürger feiern mit. Bei einer Geburtstagskaffeetafel im Schlosspark Bellevue diskutieren der Bundespräsident und die Spitzen des Staates mit den Gästen über den Zustand des Landes.

Oben: Zur Erinnerung an die friedliche Revolution und die Öffnung der Mauer vor 30 Jahren eröffnet der Bundespräsident im Eingangsbereich seines Amtssitzes eine Ausstellung mit Werken von fünf DDR- Künstlern: Angela Hampel, Günter Firit, Trak Wendisch, Hartwig Eberbach und Harald Metzkes. In seiner Ansprache sagt er: *„Diese Bilder hängen hier als eine Verbeugung vor diesen – und vor allen anderen – Künstlern, auch den Schriftstellern, Musikern, Theaterleuten in der DDR, die etwas riskiert haben, weil sie ihren eigenen Augen, ihrem eigenen Herzen, ihrem eigenen künstlerischen Gewissen folgen wollten, ja folgen mussten – und nicht einer verordneten, parteilichen Sicht auf die Welt."* Hier sehen wir ihn zusammen mit Harald Metzkes vor dessen Bild mit dem Titel „Januskopf".

Rechts: Der „Seiltänzer" von Trak Wendisch hing früher im Auswärtigen Amt, als Steinmeier noch Chef der Behörde war.

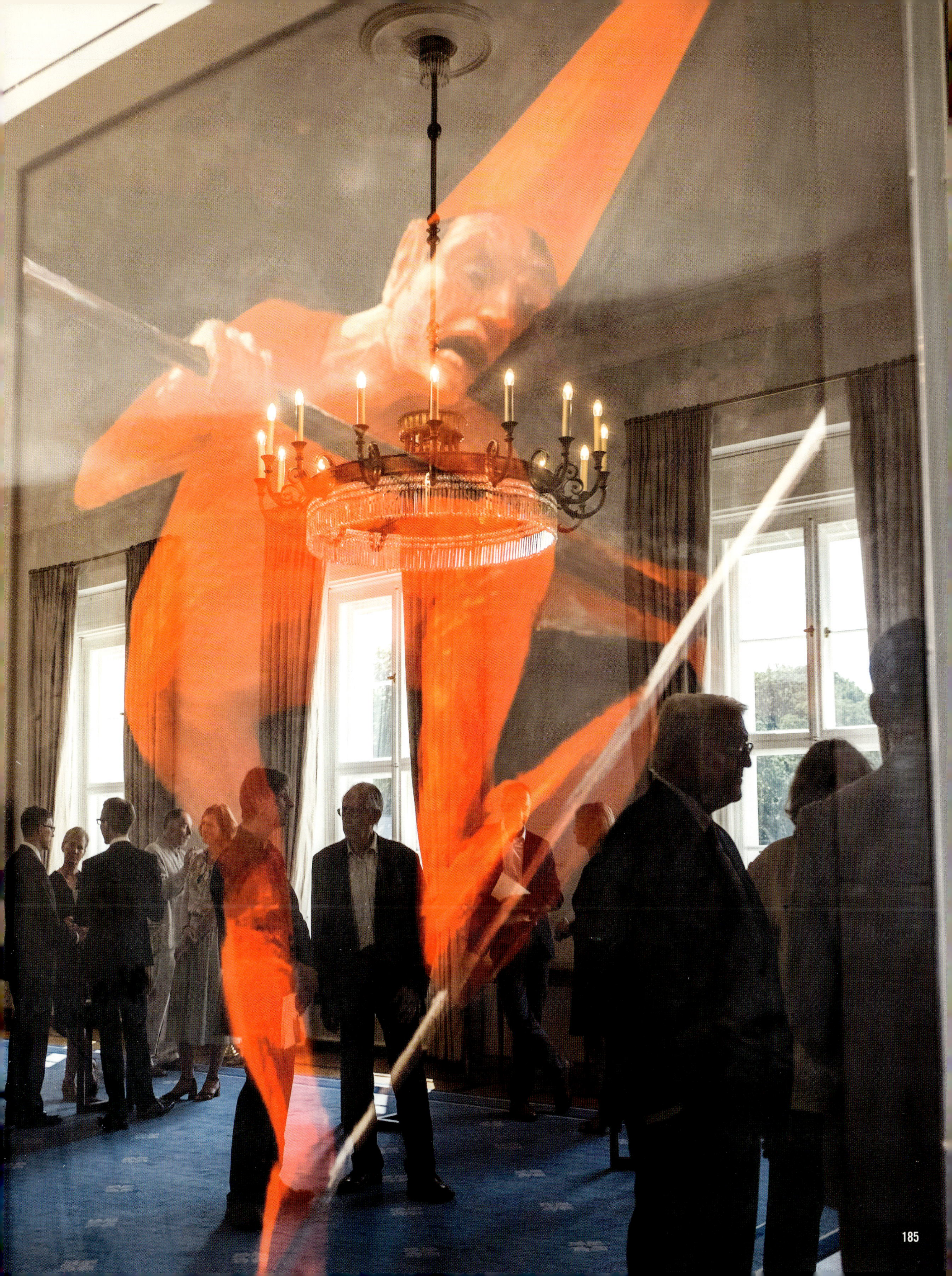

EPILOG: BRAKELSIEK/AUGUST 2019

„UNSERE HEIMAT, DER ORT, AN DEM WIR IN FREIHEIT LEBEN UND UNS ZU HAUSE FÜHLEN – DIESEN ORT SCHAFFEN WIR ERST GEMEINSAM, IMMER WIEDER NEU."

FRANK-WALTER STEINMEIER

Brakelsiek – Stadt Schieder-Schwalenberg

Das Dorf liegt im Lipper Bergland südlich des Hauptortes. Durch den Ort verläuft die Landesstraße 886. Der östliche Teil des Ortes gehört zum Naturschutzgebiet Schwalenberger Wald.

Koordinaten: 51° 53′ 32″ N, 9° 10′ 8″ O
Höhe: 186 (172–220) m | Fläche: 11,09 km² | Einwohner: 1000 (2016)
Bevölkerungsdichte: 90 Einwohner/km² | Eingemeindung: 1. Januar 1970
Postleitzahl: 32816 | Vorwahl: 05284
Persönlichkeiten: Frank-Walter Steinmeier (* 1956 in Detmold, aufgewachsen in Brakelsiek), SPD-Politiker, ehem. Bundesaußenminister, seit 19. März 2017 Bundespräsident.

Quelle: Wikipedia

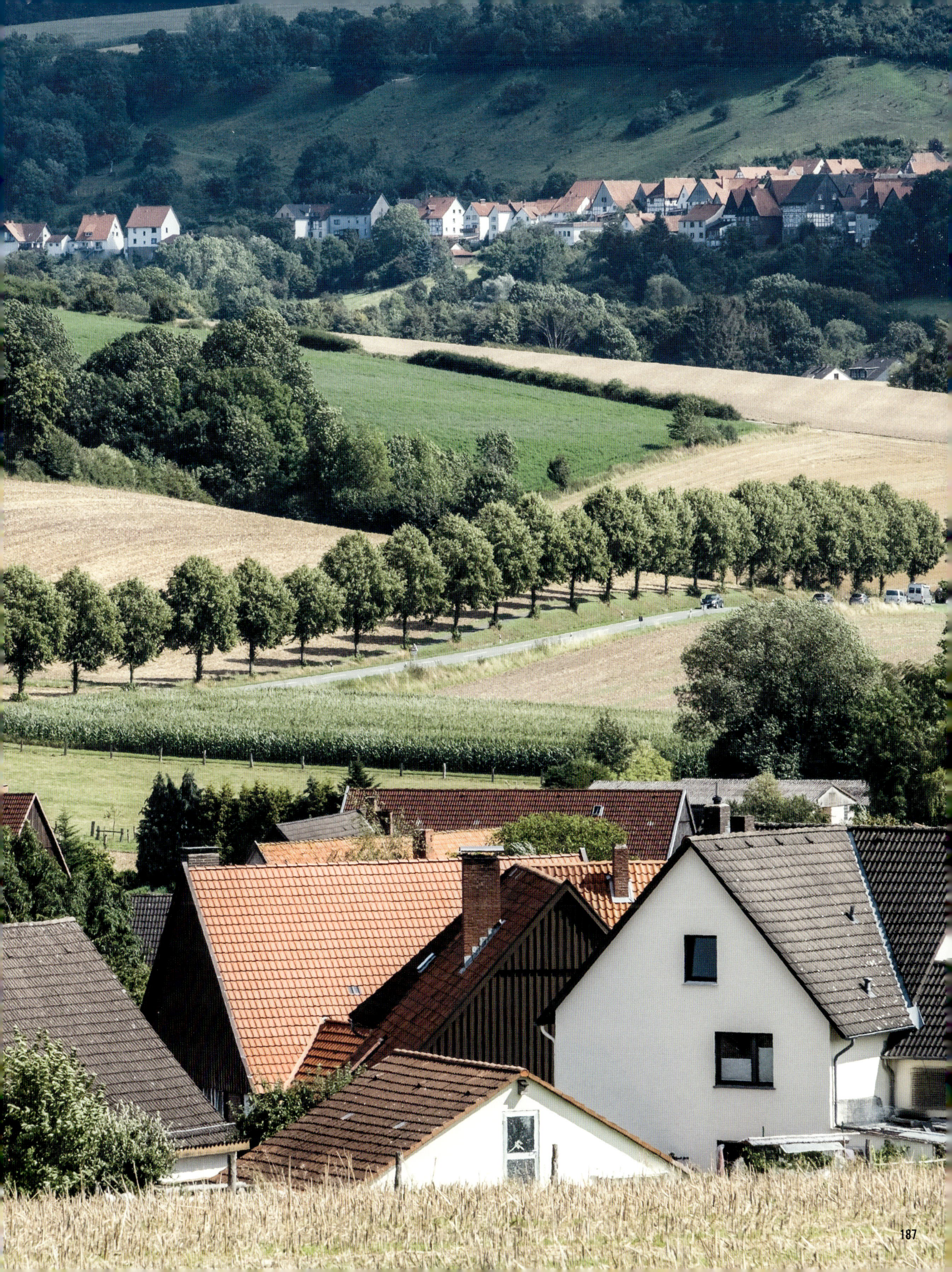

EPILOG: BRAKELSIEK/AUGUST 2019

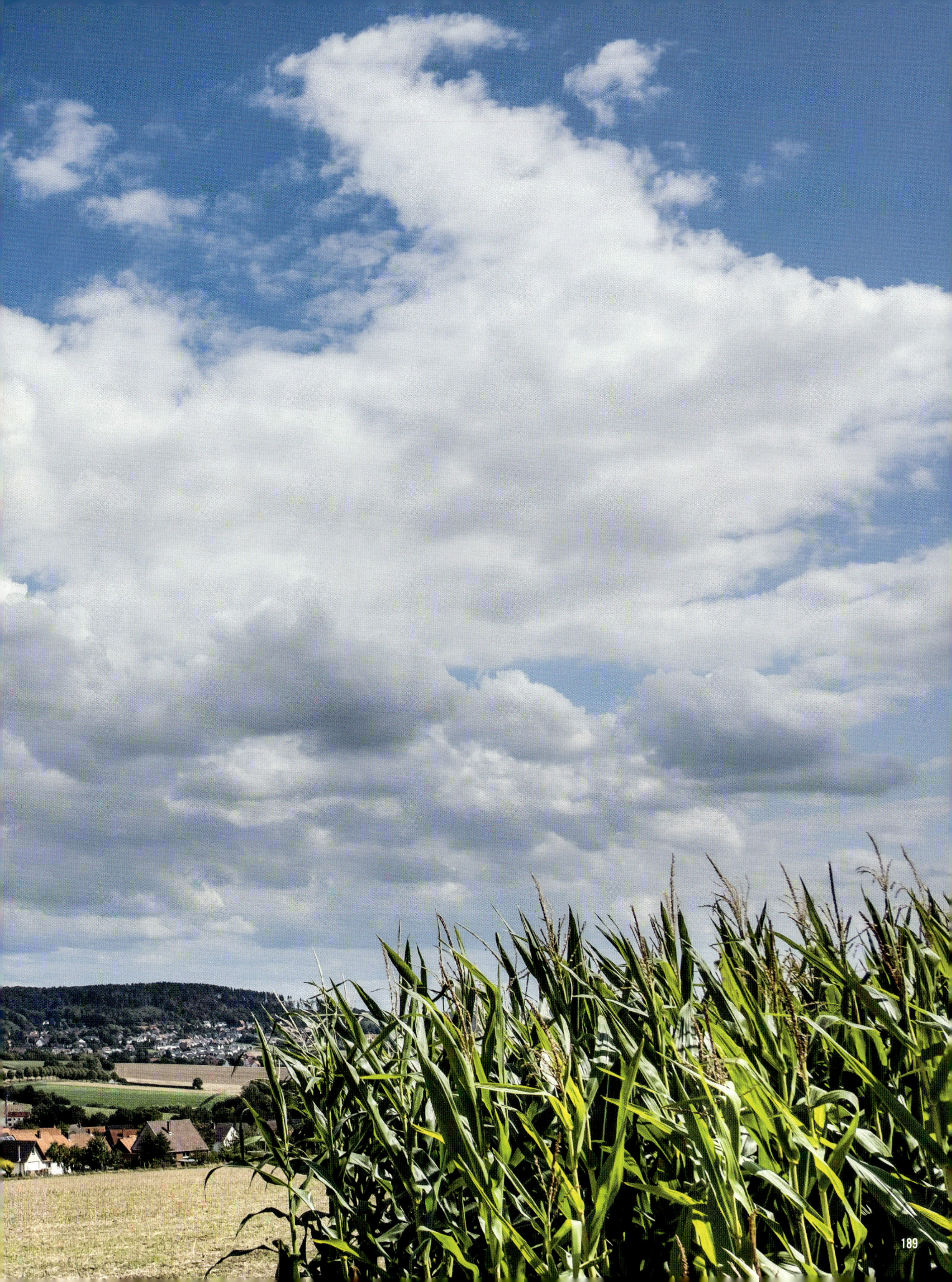

EPILOG: BRAKELSIEK/AUGUST 2019

Steinmeier spielte früher im TuS 08. Heute wehen im Dorf die Fahnen von Schalke 04, BVB, Fortuna Düsseldorf und Borussia Mönchengladbach. So ganz einig ist man sich da anscheinend nicht. Außer bei der Deutschlandflagge.

Der Präsident und seine Mannschaft. Die ehemaligen Mitspieler zu Besuch bei ihrem Frank im Schloss Bellevue.

IMPRESSUM

© 2019 BERG & FEIERABEND Verlag
Mommsenstr. 43, 10629 Berlin
info@bergundfeierabend.de
www.bergundfeierabend.de

Redaktion
Wolfgang Behnken, Mathias Becker,
Peter Feierabend, Christian Irrgang

Konzept und Gestaltung
Wolfgang Behnken, Alexandra von Béry,
Sandra Sodemann
Behnken, Becker + Partner GbR
www.behnkenbecker.hamburg

Fotos
Christian Irrgang
www.christianirrgang.de

Weitere Bilder: S.12 | Privat/Jean Asselborn;
S. 78 (unten) | picture-alliance/dpa/Rainer
Schriegel; S. 80 (unten) | obs/United
Charity gemeinnützige Stiftungs GmbH/
United Charity/RTL; S. 191 (oben) | Privat/
Rainer Schriegel

Texte
Jean Asselborn, Andreas Hoidn-Borchers,
Christian Irrgang (Eingangstexte),
Daniel Kehlmann, Julia Schaaf

Lektorat
Andreas Feßer

Litho
Edelweiß Publish
www.edelweiss-publish.de

Druck und Bindung
PrintMediaNetwork, Oldenburg

Alle Rechte vorbehalten. All rights reserved.
Das Werk darf – auch teilweise – nur mit
Genehmigung des Verlages wiedergegeben
werden.

Printed in the EU

ISBN 978-3-948272-03-6

FOTOGRAF

Christian Irrgang Jahrgang 1957, beobachtet und fotografiert Menschen, am liebsten Persönlichkeiten aus Kultur und Politik. Dies ist sein vierter Bildband über einen Bundespräsidenten. Er ist Mitglied der Fotoagentur FOCUS.

Zuallererst danke ich Bundespräsident Frank-Walter Steinmeier und seiner Frau Elke Büdenbender für ihre Geduld mit dem Fotografen, der ihnen ab und zu recht nahekommen durfte.

Mein herzlicher Dank geht an Eberhard Sautter und Heinz-Gerhard Wilkens von der HanseMerkur Versicherungsgruppe. Ohne deren großzügige finanzielle Unterstützung wäre nicht ein einziges Bild zustande gekommen.

Allen Mitarbeiterinnen und Mitarbeitern des Bundespräsidenten danke ich für ihre Kooperations- und Hilfsbereitschaft, speziell Anna Engelke, Esther Uleer, Daniela Lerner, Dörte Dinger, Nathalie Kauther, Jutta Casdorff, Kai Baldow, Tobias Scheufele, Mandy Grieger, Alina Henze, Katrin Herpich, Ayleen Schweiß, Ronny Archut, Fidelis Weißhaar, Renate Tomberg, Stefan Schmidt, Sabrina Liebing, Saskia Kalkreuter, Ingrid Leuschen, Simone Kaiser und all denen, die ich hier womöglich vergessen habe.

Ferner den Kolleginnen und Kollegen aus dem Bundespresseamt, die auf den Auslandsreisen dabei waren, und last, but not least den Damen und Herren vom Personenschutz, die mich gelegentlich durch die eine oder andere Absperrung gelotst haben.

Bei Wolfgang Behnken und Sandra Sodemann bedanke ich mich für Rat und Tat und die gesamte Gestaltung des Buches. Schließlich geht mein Dank an Sanne Irrgang für Zuspruch und Aufmunterung sowie an Maggie Riepl und Blacky Neubauer, meine Berlin-Homies.

AUTOREN

Andreas Hoidn-Borchers
Jahrgang 1960, Autor beim „stern", ist nach Jobs als Nachtwächter, Akkordarbeiter und Bademeistergehilfe in den Traumberuf Journalist gekommen. Er hat Steinmeier zum ersten Mal 1999 in Bonn getroffen und ihn seither auf allen politischen Stationen begleitet.

Daniel Kehlmann
Daniel Kehlmann wurde 1975 als Sohn des Regisseurs Michael Kehlmann und der Schauspielerin Dagmar Mettler in München geboren. 1981 kam er mit seiner Familie nach Wien, wo er das Kollegium Kalksburg, eine Jesuitenschule, besuchte und danach an der Universität Wien Philosophie und Germanistik studierte. 1997 erschien sein erster Roman „Beerholms Vorstellung". Er wurde für sein Werk unter anderem mit dem Candide-Preis, dem WELT-Literaturpreis, dem Per-Olov-Enquist-Preis, dem Kleist-Preis und dem Thomas-Mann-Preis ausgezeichnet, 2018 wurden ihm der Friedrich-Hölderlin-Preis und der Frank-Schirrmacher-Preis verliehen. Sein Roman „Die Vermessung der Welt", bislang in über 40 Sprachen übersetzt, ist zu einem der erfolgreichsten deutschen Romane der Nachkriegszeit geworden. Er lebt zurzeit in Berlin und New York.

Julia Schaaf
Jahrgang 1971, ist Korrespondentin für das „Leben" der „Frankfurter Allgemeinen Sonntagszeitung" in Berlin. Sie hat in Italien und Schottland gelebt und Kulturanthropologie studiert. Sie ist verheiratet und hat zwei Kinder.